Herausgeber: Kerstin Engel-Gehring, Schulstraße Braunschwende 18A,
06343 Mansfeld

1. Auflage 2013
ISBN 978-3-9816137-0-4
Titelgestaltung: Ute Opel AGD
Schrift: Garamond
Hersteller Amulett: Kunst- und Gewerbering GmbH,
Halsbrücke / Sachsen
Druck und Einband: Druckerei Brinkop OHG, Peine

„Das Flüstern einer schönen Frau hört man weiter als den lautesten Ruf der Pflicht.“

Pablo Picasso
(1881 - 1973)
spanischer Maler

Es ist Januar. Die feuchte Kälte zieht bis auf die Knochen. Auch tagsüber sind es minus 10 Grad und der Winter ist tatsächlich zurückgekehrt. Schnee, Kälte, Glätte. Das volle Winterprogramm.

Ein arbeitsreicher Tag liegt hinter mir. In der kuschelig warmen Küche am Tisch sitzend überkommt mich der Durst. Nach Meinung der Experten soll der Mensch 1,5 bis 2,0 Liter am Tag trinken. Zum Glück gibt es die Experten. Über hiesige Medien wird deren Meinung kundgegeben und der Bürger braucht nicht mehr über wahr und unwahr nachdenken. Wie praktisch. Wenn es die Experten sagen, so wird es wohl richtig sein. Also wird ohne nachzudenken mitgeplappert. Immerhin möchte ja jeder gern Experte sein. Zumindest so tun, als ob er einer wäre. Oftmals genügt es ja schon, vorgegebene Phrasen einfach zu wiederholen.

Ich gehe zum mahagonifarbenen Küchenschrank und greife nach einer vollen Wasserflasche. 1,5 Liter. Die richtige Menge, nach Meinung der Experten. Und was steht darauf? „Trinken sie täglich 1,5 - 2 Liter - zum Beispiel natürliches Mineralwasser von ...“ Ah, da waren sie wieder, die Experten. Und was ist drin? Calcium, Magnesium, Natrium, Hydrogencarbonat und Sulfat. Weiter lesend entdecke ich den Hinweis, dass dieses Mineralwasser die Vitalität weckt. Ich denke nach. Mehr als diese vier Inhaltsstoffe braucht der Mensch nicht, um vital zu sein? In Gedanken schüttle ich den Kopf und stelle die Wasserflasche in den Schrank zurück. Saft. Saft ist gut. 100% iger Fruchtgehalt. Inhalt 1,0 Liter. Um nach Expertenmeinung alles richtig zu machen, brauche ich zwei davon. Ich sehe im Schrank nach. Eine zweite Flasche hätte ich und wäge ab. Auf der Vorderseite steht ganz groß „103 kcal". Eigentlich nicht viel an Kalorien. Aber in kleiner Schrift darüber steht „250 ml". Wer als Verbraucher liest denn diese kleine Schrift? Kurz im Kopf nachrechnend wären es für eine Saftflasche somit 412 kcal. Da es aber nach unseren Experten zwei Liter sein sollten, sind es summa summarum 824 kcal. Das ist ja eine ganze Mahlzeit! „Mein Gott", denke ich. „Da kann ich ja zusehen, wie mein Bürohintern täglich wächst!" Mit aufgeplusterten Backen stelle ich auch den Saft wieder zurück in den Schrank.

Nun fällt mein Blick auf eine Flasche, deren Anblick mir schon das Wasser im Munde zusammenlaufen lässt und meine persönliche Vitalität weckt. Es enthält dieselben oben genannten Mineralstoffe des Mineralwassers, aber weitaus noch mehr, nämlich zuzüglich Chlorid, Eisen, Kalium, Mangan, Phosphor, Silizium und Zink. Es enthält eine Fülle von Vitaminen wie ein Obstsaft. Jedoch im Gegensatz dazu

sind es, bezogen auf die gleiche Menge von 250 ml, nur circa 88 kcal!
Mein Lieblingsgetränk ist nachweislich das älteste Getränk der Menschheit. Seit mehr als 9.000 Jahren begleitet es uns in allen Gesellschaftsformen und in unterschiedlichsten Geschmacksrichtungen. Experten verteufeln es seit Jahren mit mehr oder weniger Erfolg. Schon aus diesem Grund ist es in meinen Händen und vor allem in meinem Mund richtig:

DAS BIER

„Bier ist der Beweis, dass Gott uns liebt und will, dass wir glücklich sind." [1]

Dieser Satz stammt nicht von mir! Nein! Dieser Satz stammt von Benjamin Franklin, einer der Gründungsväter der Vereinigten Staaten von Amerika. Und sollten wir nicht jeden Tag glücklich sein?

Und ja, ich bin bekennende Biertrinkerin! Besser gesagt: bekennende Biergenießerin!

Wie es dazu kam, ist eine lange, aber amüsante Geschichte. Ich hätte nie gedacht, dass ich meinen fast täglich biertrinkenden Mann nach mehr als 25 Jahren jemals verstehen würde...

Vielleicht sollte jeder Bierliebhaber, bevor er den Bund der Ehe schließt, seiner zukünftig Angetrauten dieses Buch zum Lesen geben.

Und während ich dieses schreibe, genieße ich schluckweise ein „Bush de Nuits“ aus einem Rotweinglas. Es ist eines meiner Lieblingsbiere, gehört zum Bierstyle „Belgian Strong Ale Dunkel“ und ist eines der besten „Barleyweine“ der Welt. Das Besondere an diesem Bier ist, dass es mehrere Monate in Weinfässern aus der französischen Region Bourgogne vom weltberühmten Weinberg "Nuits St. Georges" lagert. Burgunder Weine gehören mit zu den Spitzenweinen und schmecken fantastisch. Nun stelle man sich den Geschmack eines Bieres vor, welches in genau diesen Fässern mehrere Monate nachreifte! Anschließend wird es nochmals der Flaschengärung unterzogen. Ein absoluter Hochgenuss! Unglaublich! Der Geschmack ist überwältigend fruchtig und aromatisch. Die blumige Hopfennote, der süße Malzgeschmack und der leicht trockene, warme Abgang machen diesen Biergenuss zum Erlebnis. Geschmacklich kann man es mit süßem Karamellmalz, dunkler Schokolade oder Toffee beschreiben. Ich hatte diese Brauerei vor Ort besucht, um mich von der Art und Weise der Herstellung dieses Bieres zu überzeugen. Liebe Leser, ihr könnt mir ungesehen glauben, dass es keine PR-Campagne der Brauerei ist, um dieses Bier auf den Markt zu bringen. Ich überzeugte mich persönlich vom Vorhandensein der Bourgogneweinfässer und dem anschließenden produktionstechnischen Ablauf der Flaschengärung. Herr Mevis, der Marketingleiter dieser Brauerei, war so freundlich und erklärte mir den Brau- und Lagervorgang des „Bush de Nuits".

An dieser Stelle möchte ich jedoch eine Sache ganz klarstellen:

Ich unterscheide eindeutig zwischen „Biersäufer" und „Biergenießer".

Ich erhebe in diesem Buch keinen Anspruch auf Wissenschaftlichkeit. Alle Namen, Experimente und wissenschaftliche Studien sind im Internet nachlesbar. Wer Lust darauf hat, kann gern mehr dazu googlen.

In diesem Buch sind meine persönlichen Erfahrungen und Erlebnisse zum Thema Bier aufgezeigt, von denen ich selbst so fasziniert bin, dass ich der Meinung war, es allen

Bierliebhabern und vor allem den Frauen mitzuteilen. Für die Bierliebhaber soll es unterstützendes Material gegen jeden Widersacher sein. Den Frauen soll es dazu dienen, ihr Bierblickfeld schlichtweg zu erweitern und ihre bierliebhabenden Männer endlich zu verstehen. Die meisten Frauen haben - zu unrecht - eine negative Einstellung zum Thema „Bier". Vielleicht geschuldet den vielen Experten, die gezielt über Medien das Bier verdammen. Vielleicht auch, weil sie nur das bittere Pils kennen. Dabei gibt es unzählige Biersorten in unzähligen Geschmacksrichtungen. Seit Jahrtausenden gehörte Bier zu den Grundnahrungsmitteln. Mit Beginn der modernen Welt ist es plötzlich Genussmittel geworden. Das verstehe wer will. Bier hat sich vom Grunde her nicht verändert und die Menschen trinken im Vergleich zum Mittelalter sehr, sehr viel weniger Bier. Warum ist es jetzt Teufelszeug?

Natürlich enthält Bier Alkohol. Aber wie in allen Dingen ... die Menge entscheidet über Gift und Nichtgift. Niemanden möchte ich zu übermäßigem Biergenuss oder unkontrolliertem Zechen animieren. Schlussendlich tut genau das dem Körper nicht gut und man setzt seine Gesundheit auf`s Spiel.

Bier ist von Anbeginn ein Kulturgetränk. Diesem sollte man huldigen, in dem man es mit Verstand und kultiviert trinkt!

Ich möchte zum Nachdenken anregen, denn die gesundheitlichen Qualitäten des Bieres rücken bei den Forschern und Medizinern immer mehr in den Mittelpunkt. Die Entscheidung, wie jeder Einzelne mit dem Thema Bier umgeht, liegt in dessen Händen. Ich maße mir nicht an, mich als Bierexpertin zu bezeichnen. Aber ich halte immer die Ohren gespitzt, wenn selbsternannte Experten reden und bilde mir stets meine eigene Meinung. Und genau das sollten die Leser dieses Buches auch tun.

Heute ist Männertag. Der wichtigste Tag eines bierliebhabenden Mannes einmal im Jahr. Heute darf „Mann mal Mann sein". Und ich habe endlich Zeit für mich. Nämlich mal das zu tun, worauf ich Lust habe. Meine Freundin sah ich schon lange nicht mehr und lud sie spontan zu mir ein.

Meine Freundin Annett und ich liegen im Garten in der heißen Sonne, genießen die angenehme Wärme. Gelegentlich graule ich den Bauch meiner kleinen, zehn Jahre alten

Westidame, die unter der Sonnenliege lang ausgestreckt liegt. Wir sind allein. Herrchen hat Durst und trinkt mit seinen Kumpels ein Bier. „Ein Bier“, denke ich, und muss bei diesem Gedanken grinsen. Beim letzten Männertag war das eine Bier ganz schön groß! Aber, wenn es die männliche Schöpfung glücklich macht, dann soll es eben so sein.

Das Telefon neben mir klingelt. Ich schiebe die Sonnenbrille hoch und sehe auf die angezeigte Nummer. Oh, es ist Thomas, Annett ihr Mann. Ich nehme den Hörer ab und sage mit allerliebster, heller Frauenstimme: *„Ja, ihr lieben Männer?“* Ich höre sein Atem und kann es regelrecht fühlen, wie er nach Worten sucht, die sich vielleicht zu einem Satz formulieren lassen. Mit runder Zunge fragt er: *„Gönnter uns ma abholn? Sin fertisch.“* Ich muss schmunzeln. *„Na klar!“*, antworte ich mit fast mütterlicher Stimme. *„Wir sind in zehn Minuten da!“* Dann legt er den Hörer auf.

Während der Fahrt nachhause sitzt mein Mann hinter mir neben Thomas, dessen Kopf an der kühlen Autoscheibe lehnt. Mit geschlossenen Augen murmelt er durch die Zähne hindurch, ohne die Lippen zu bewegen: *“Fahr nich so schnell. Nich, dass die Bolizsei dich anhäät!“* Ich schaue auf den Tacho. 30 km/h. Es sind wohl die vielen Kurven, die ihm im Kopf alles schneller erscheinen lassen. Das Gesicht meiner

Freundin ballt sich immer mehr zur Faust und die Augen werden schlitziger. In den Rückspiegel sehend, zwinkere ich meinen Mann zu.

Endlich zuhause angekommen. Mit runden Schuhen stemmt sich Thomas langsam aus dem Auto, stolpert fast über meinen Hund, fängt sich aber wieder. Bis zur Haustür, welche nur wenige Meter sind, nimmt er öfters die Hauswand mit. Mindestens viermal prallt er von ihr ab und wird wie ein Magnet wieder von ihr angezogen. Mein Hund hält den Kopf schräg und beobachtet unseren Hausgast mit respektvollem Abstand. Ich ziehe die Augenbraunen hoch und sehe Annett an. Sie ist stocksauer und schweigt laut. Da ich selbst eine Frau bin, weiß ich, dass man eine Frau, die schweigt, nicht unterbrechen soll. „Schatzi", so nennt sie ihn sonst liebevoll, versuchen wir ins Bett zu legen. Auf dem Weg zur Haustür holt „Schatzi" tatsächlich noch eine versteckte Bierflasche aus der Jacke und öffnet diese schief grinsend mit einem lauten „Pflub". *„Du trinkst!"* zischelt sie ihm ins Ohr. *„Nö!"*, kam als Antwort prompt zurück. *„Isch rechtfertsche nur de Arweit desch Braumeistersch!" „Weißt du, weißt du wie du aussiehst?"*, herrscht sie ihn barsch an. *„Wie ein Erleuchtungstrinker!"* Um mein grinsen zu verbergen, presse ich die Lippen fest aufeinander, in der Hoffnung, Thomas antwortet nicht. Doch er tat es. *„Bin ooch ener. Wie Udo Lindenbersch. Und der is en Star jeworn!"* Noch bevor es zur Eskalation zwischen beiden kommt, an die er sich am morgigen Tag sowieso nicht mehr erinnern kann, werfe ich ihr schnell einen typischen Frauenblick zu, der besagt: „Schweig!“ Unweigerlich schloss sie ihre Lippen und blies die eingeatmete Luft laut durch die Nase aus. „Eigentlich hat er recht“, denke ich bei mir. Udo Lindenberg, dessen Lieder mich seit meiner Pubertät begleiteten, ist nicht nur ein Star. Für mich ist er eine Legende!

Ein Bein von ihm steht auf der ersten Treppe. Beim Versuch, das zweite nachzuziehen, verliert er das Gleichgewicht, fällt nach hinten, rudert mit den Armen, läuft zügig drei Schritte rückwärts und ... steht wie ein Mann. Mit starren, nach vorn gerichtetem Blick und vorgebeugten Oberkörper avisiert er die Türöffnung und nimmt den zweiten Versuch. Es klappt. Er trifft die Türöffnung und ist drin! Jetzt muss er nur noch bis ins Gästezimmer. Vorsorglich räume ich zügig alles aus dem Weg, das für sein weiteres Vorankommen hinderlich sein könnte. Wenn er jetzt stürzt, dann bekommen wir Frauen ihn nicht hoch und er müsste auf dem Fußboden schlafen. Bis hin zum Gästezimmer nahm er jeden Türrahmen mit. Mit jedem Anecken wird er wieder, wie die Kugel im Flipperautomat, in die richtige Laufbahn gebracht. Dabei zitiert er ständig lallend das Gedicht von Berthold Brecht:

„Eins, zwei, drei, vier,
Vater braucht ein Bier.
Vier, drei, zwei, eins,
Mutter braucht keins.“

Ich höre das Schnaufen von Annett hinter mir wie das eines Stieres kurz vor dem Endkampf. Ihre Nasenflügel bewegen sich unaufhörlich.

Auf der Bettkante sitzend beobachten wir ihn. Sein Schnarchen ist mal laut, mal leise, mal pfeifend, mal röhrend. Aber immer gleichbleibend. Nur die Töne ändern sich.

Thomas hat es geschafft. Er liegt zwar seltsam verdreht im Bett und schnarcht komisch, aber … er atmet noch.
Fürs erste sind wir beruhigt. Immer noch am Bett sitzend überlegen wir , ob wir ihm eine Schüssel ans Bett stellen sollten. (Natürlich nur für den Notfall!) *„Bisher“*, sagt Annett, *„ist es ihm nur einmal passiert, dass alles, aber wirklich alles und vielleicht sogar noch mehr, den Weg wieder nach oben nahm. Selbst die Nasenlöcher waren damals verstopft. Doch da hatte er unglücklicherweise auch Schnaps dazu getrunken. Das erstaunliche ist, dass er, wenn er nur Bier trinkt, müde wird und friedlich bis zum anderen Morgen schläft.“*

Vorsichtig ziehen wir ihm seine Schuhe aus und legen eine dünne Decke über den, immer noch leicht verdrehten, Körper. Wie kann man nur so einschlafen?

„Warum ist dein Mann denn nicht so voll? Ich verstehe das nicht!“, fragt Annett mich fast vorwurfsvoll. Vom Mitgefühl gequält erwidere ich ihr: *„Nun ja, trinken will gelernt sein! Meinem Mann bringt es nichts, sich so zuzulöten, dass er nicht mehr weiß, ob er Mann oder Frau ist. In all den Jahren hat er es gelernt, Bier zu genießen.“*

Kippt man sich das Bier ohne Sinn und Verstand einfach nur hinein, so wird man schneller besoffen als der Biergenießer! Nur beim langsamen, genüsslichen Biertrinken wird der Körper besser mit dem Alkohol fertig und hat die Chance, sich zu stabilisieren. Professor Anton Piendel aus Weihenstephan gibt an, dass eine männliche Leber ungefähr ein Liter Pils am Tag schadensfrei toleriert. Ein wenig benachteiligt sind wir Frauen. Unsere Magenwand ist dünner als die des Mannes. Somit gelangt der Alkohol schneller in unser Blut. Im Vergleich zu einem Mann, der die gleiche Alkoholmenge zu sich nimmt wie eine Frau, ist der frauliche Alkoholspiegel im Blut wesentlich höher. Man sollte wissen, dass die menschliche Leber pro Stunde ungefähr 0,1 Promille abbaut. Eine andere Faustregel besagt, dass eine erwachsene Person pro zehn Kilogramm Gewicht ein bis eineinhalb

Gramm Alkohol je Stunde verbrennt. Das bedeutet, dass eine Person, die 60 Kilogramm wiegt, anhand dieser Faustregel sechs bis neun Gramm Alkohol in ungefähr zwei Stunden abbauen würde.
Wie viel Stunden Thomas nach dem Männertag braucht, um seinen Promillenpegel „gegen Null" zu senken, hatte ich Annett nicht vorgerechnet.
Der Männertagabend ist noch jung, sehr jung und angenehm warm. Mein Mann ging ebenfalls schon zu Bett. Annett hat die Nase voll und zieht sich schmollend zurück.
Also entschließe ich mich, auf einen Schwatz zu meiner lieben Nachbarin zu gehen. Ich erzähle ihr, dass meine Freundin stocksauer ist wegen ihrem Mann, der den Männertag in vollen Zügen genoss. *„Wie kann man sich nur an Bier so ergötzen? Dieses bittere Zeug! Es ist für mich nicht ansatzweise nachvollziehbar!"*, sagt Tante Traude kopfschüttelnd. Vor noch nicht all zu langer Zeit vertrat ich den gleichen Standpunkt. Dass sich meine Meinung diesbezüglich mal ändern wird, hätte ich zu diesem Zeitpunkt nie geglaubt.

Am nächsten Tag lehne ich mit im Nacken verschränkten Armen in meinem Bürosessel und wippe. In Gedanken

versunken bemerke ich, wie sich die Bürotür sehr, sehr langsam öffnet. Mit nach oben gezogenen Schultern und gesenktem Blick steht Thomas in der Tür. *„War`s schlimm?“* Bei seinem Anblick muss ich grinsen, fürchterlich grinsen. Seine wenigen, dünnen Haare stehen in alle Richtungen, der Blick noch orientierungslos und hilfesuchend. Ich stehe auf, gehe auf ihn zu und sage: *„Ich mach` uns allen einen schönen Kaffee, ok?! Dann bring Annett den Kaffee ans Bett und weck` sie ganz lieb. Das mögen Frauen!“* Sichtlich erleichtert nickt er. *„War sie sauer?“* Mit hochgezogenen Augenbrauen und mitleidigen Blick antworte ich ihm: *„Und wie! Sie ist gestern auch nicht lange aufgeblieben. Ich hatte ihr aber gesagt, dass es nichts bringt, mit dir in diesem Zustand zu diskutieren. Du wirst dich eh nicht mehr daran erinnern. Es würde eher das Gegenteil eintreten. Du fühlst, dass du schwach bist, aber dein Unterbewusstsein flüstert dir, du bist ein Mann. Diese Gegensätze erzeugen Druck und damit Aggressivität. Es ist einfach eine natürliche Schutzhaltung des Mannes, um von einer Frau nicht in die Knie gezwungen zu werden.“*
Ich halte kurz inne und rede dann weiter: *„ Anfangs war ich auch diskussionsfreudig! Mit meinen heutigen Erkenntnissen muss ich sagen, dass ich mir viel Aufregung, Streit und Nerven hätte sparen können. Zu meinem eigenen Wohl natürlich.“*

„Was macht dein Kopf?“, fragt ihn mein Mann, der plötzlich in der Tür steht und augenscheinlich den gestrigen Abend

besser überstanden hatte als sein bester Freund Thomas. *„Alles gut! Ich hatte gestern nur Bier getrunken, keinen Schnaps oder so."*, gibt er zur Antwort. *„Keine Kopfschmerzen?"*, hakt mein Mann nochmals nach. *„Nein!"*, antwortet er sich selbst darüber wundernd.

Diese Beobachtung hatte auch ich schon öfters gemacht. Ein absolutes Phänomen, aber erklärbar. Während dem Gärprozess erfolgt die Umwandlung von Zucker in Alkohol und Kohlendioxid. (Chemie Klasse 9! Wer erinnert sich?) Hefen verbringen hierbei ein biologisches Wunder! Bis heute gibt es keine technische Apparatur, die diese Arbeit der Hefen nachvollziehen kann. Beim Gärprozess bilden sich, neben dem eben besagten Alkohol, also Ethanol, und Kohlendioxid auf natürliche Weise auch Gärnebenprodukte, u.a. sogenannte Fuselöle. Man spricht auch von Fuselalkoholen. Butanol, Hexanol, Pentanol, Propanol - um nur einige zu nennen - gehören nicht zu den erwünschten Gärnebenprodukten. All diese Fuselalkohole entstehen bei jeder alkoholischen Gärung. Sie sind Nebenprodukte des Hefestoffwechsels. In Bier, Wein und Spirituosen dienen sie als Geschmacks- und Aromaträger. Jedoch werden die unerwünschten Bestandteile von der Leber in Gift umgewandelt. Die Funktion des Herzens wird eingeschränkt und die Sauerstoffzufuhr zum Gehirn reduziert. Unser Körper bedankt sich bei uns auf das

Herzlichste mit einem ordentlichen Kater. Der Alptraum äußert sich in Schwindelgefühle, Übelkeit und ständigem Hämmern und Klopfen in unserem Kopf. Doch nicht nur die geringere Sauerstoffzufuhr zum Gehirn ist Ursache für den Kater. Alkohol unterdrückt die Arbeit des Hormons Vasopressin. Es reguliert den Flüssigkeitshaushalt in unserem Körper. Wird dessen Arbeit durch den Alkohol unterbunden, verlieren wir mehr Flüssigkeit, als wir vorher aufgenommen hatten. Gleichzeitig werden dadurch wichtige Mineralien und Elektrolyten regelrecht ausgeschwemmt. Der Erschöpfungszustand naht in großen Schritten, einhergehend mit einem ständig klopfenden Hammer.

Besonders gern entstehen Fuselalkohole bei warmer Gärführung, demnach bei obergärigen Bieren wie die Weizenbiere. Untergärige Biere, die mit kalter Gärführung hergestellt werden wie Pils oder Exportbiere, weisen einen geringeren Anteil an Fuselalkoholen im Bier auf. In der Fachhochschule Münster wurden im Jahre 2003 rund 60 Biere auf ihren Fuselgehalt untersucht. In einer Diplomarbeit sind diese Ergebnisse zusammengestellt und im Internet nachlesbar. Es gibt tatsächlich Biere, die pro Liter 160 Milligramm Fuselalkohole enthalten.

Der Abbau der Fuselalkohole zu Estern ist eindeutige Hefearbeit. Dafür braucht die Hefe, sowohl während dem Gärprozess als auch bei der Lagerung, Zeit. Man spricht dann von einem gut ausgereiften Bier. Daher bin ich der Überzeugung, dass für das Brauen von Bier ein fünfter „Rohstoff" immer wichtiger wird, nämlich Zeit. Eine längere Gärung und Reifung bei tieferen Temperaturen erzeugen nicht nur bessere Aromen. Gönnt der Braumeister dem Bier die nötige Zeit, wird es bekömmlicher, da die Gärkohlensäure optimal ins Bier eingebunden wird. Eine nachfolgende und meist übliche Karbonisierung des Bieres ist nicht notwendig. Dieses angewandte Verfahren verursacht nach dem Biertrinken oftmals das Aufstoßen und einen aufgeblähten Bauch.

Möglich, dass das Bier, welches nach kurzer Gär- und Lagerungszeit abgefüllt und in den Handel gebracht wird, die Fuselalkohole noch nicht komplett zu Estern abgebaut hat. Dem biertrinkenden Mann wird am anderen Morgen eine gefühlte Kopfgröße größer beschert. Ob die Gär- und Lagerdauer den Anteil an Fuselalkoholen im Bier beeinflusst, ist meines Erachtens noch nicht eindeutig bewiesen. Dieses könnte zukünftig ein mögliches Forschungsthema sein, an deren Ergebnis ich sehr interessiert wäre. Da es aber zum Thema Fuselalkohole im Bier unterschiedliche Meinungen hinsichtlich unserer Gesundheit gibt, darf sich der Leser selbst eine Meinung darüber bilden. Bedingt durch unterschiedliche Geschmäcker beim Bier, definiert jeder sein Lieblingsbier anders, von dem er überzeugt ist und es gut verträgt.

Deshalb mein Tipp an die Frauen: Kauft euren Männern dessen Lieblingsbier. Nur er weiß, welches ihm besonders bekommt. Das muss euer Mann euch wert sein! Er soll doch am Tag danach wieder fit für die Gartenarbeit sein oder nicht?! Springt über euren eigenen Schatten und kauft ihm zum Wochenende ein leckeres Bier nach seinem Geschmack. Damit werdet ihr unweigerlich zu dessen persönliche Bierkönigin ernannt, deren Wünsche er ohne Murren erfüllt. Probiert es aus! Er saugt sogar Staub und hängt die Wäsche auf! Tut er es nicht, entzieht ihm das Bier!

Welche Frau hat nachfolgende Szene nicht schon selbst erlebt:

Es ist Wochenende. Draußen im Garten wird lange und ausgiebig gefrühstückt. Während er Zeitung liest, redet die

Frau ständig, ohne Luft zu holen, auf ihm ein. Gelegentlich, nicht regelmäßig gibt er ein: „Mmh!“ von sich. Dieses soll Aufmerksamkeit signalisieren, ist es aber nicht. Die Frau aber glaubt, er hört tatsächlich zu. Plötzlich legt er die Zeitung beiseite, steht ruckartig auf, während wir mitten im Redefluss sind, und begibt sich mit schnellen Schritten an Nachbars Zaun. Verdutzt schaut die Frau hinterher. Ein Geräusch, welches eine Frau nie wahrnehmen würde, drang an sein Ohr. Das sogenannte „Pflub-Zisch-Gluck-Gluck-Gluck-Geräusch“. Der Nachbar öffnete soeben eine Bierflasche! Der Urtrieb des Mannes erwacht! Durst! Noch während des Gangs zu Nachbars Zaun ruft er, ohne den Kopf zu uns herumzudrehen: *„Schatz, ich gehe mal kurz zum Nachbarn rüber! Bin gleich wieder da!“* Die Reaktion der meisten Frauen ist jetzt grundsätzlich falsch. Anstatt das Bild einer meckernden Ehefrau abzugeben und ihm hinterherzukeifern, habe ich eine andere Empfehlung: Gebt euren Mann eine Flasche Bier mit! Wenn ihr wollt, auch zwei. Eine auch für den Nachbarn. So erhaltet ihr euch die Gunst eures Mannes und gegebenenfalls die des Nachbarn. Seid tolerant und entspannt euch. Wenn die Flasche leer ist, kommt er eh zurück. Warum sind die meisten Frauen so zickig? Wir sind immerhin mit Schuld am Bierdurst des Mannes. Jawohl, richtig gelesen! Wir sind Mitschuld! Vergleicht das Leuchten der Augen eines hungrigen Kleinkindes, wenn die Mutter mit der

nahrungsbringenden Flasche kommt mit den Augen eines durstigen Mannes, der sein gut gekühltes Lieblingsbier gereicht bekommt. Sieht man da einen Unterschied? Nein! Wir Frauen ziehen unsere Kinder mit der Flasche groß. Darin ist Nahrung. Es macht satt, zufrieden und glücklich. Dieses positive Erlebnis ist fest im Unterbewusstsein des Mannes verankert. Glück verbinden Männer auch heute noch oftmals mit einer Flasche. Reift der Junge zum Manne heran, ist es nun mal ... das Bier!
Bier stillt den Durst, sättigt und macht glücklich.

Neben dem bekannten Männertag gibt es im Mai einen weiteren jährlichen Höhepunkt im Leben eines bierliebhabenden Mannes: Das Bockbierfest.
Johannes Trojan (1837 - 1915), Chefredakteur des „Kladderadatsch“ schrieb mal folgendes Scherzgedicht:

„Das Bockbier

Kommt, Kinder, seht den Vater an!
O seht, wie sieht er aus!
Daß man ihn kaum erkennen kann,
So taumelt er ins Haus.

Er schwankt und wankt, als hätt’ er, ach,

Verloren jeden Halt!
Wie ist er auf den Beinen schwach,
Und hört nur, wie er lallt!

Wie sieht er aus, wie sonderbar!
Zerknittert ist sein Hut!
So ist er e i n m a l nur im Jahr –
Es wär' auch sonst nicht gut.

Sein Regenschirm scheint fort zu sein,
Zerrissen ist sein Rock!
Jetzt zieht der F r ü h l i n g draußen ein,
Denn Vater kommt vom B o c k." [2]

Als ich dieses Scherzgedicht las, dachte ich für mich: Damit ist alles gesagt! Bockbiertrinken will gelernt sein!

Selbstverständlich geht mein Mann auch zum Bockbierfest - ohne mich, ganz klar! Das ist reine Männersache! Im Zuge der Vorfreude werden alle Freunde, Nachbarn und Bekannte darüber informiert und eine Zeit vereinbart. Treffpunkt ist klar! Ich lasse es mir nicht nehmen, meinen Mann und weitere Bierfreunde zum Bockbierfest zu fahren.

Die Stimmung ist super. Der Saal tobt. Während die Blaskapelle spielt, liegen sich die Männer in den Armen, schunkeln und singen, wenn auch nicht immer tontreffend, mit. Aber sie singen und sind glücklich! Dabei heben sie ihr mit Bockbier gefülltes Glas, prosten sich zu und singen lauthals weiter. Welch ein Gefühl der Geselligkeit strömt mir da entgegen. Nicht zu Unrecht sagt ein altes ägyptisches Sprichwort:

„Wenn man Bier ins Licht hält, sieht es aus wie flüssiges Glück!“ [3]

Ich verabschiede mich von meinem Biertrinkerteam und wünsche: *„Allzeit Prost!“* Mir ist bewusst, dass ich heute mit meinem Mann nichts mehr gemeinsam unternehmen kann. Und das sollte sich jede Frau bewusst sein, deren Mann zu einem Bockbierfest geht. Stellt euch einfach darauf ein und gestaltet euren Tag nach eurem Belieben. Ich selbst verbringe diese Zeit mit und bei meiner lieben, alten Nachbarin, Tante Traude.

Seit mehr als zwanzig Jahren wohnen wir Tür an Tür. Sie hatte damals an uns eine Haushälfte verkauft. Unser Sohn war zu dieser Zeit gerade mal zwei Jahre alt und es gefiel ihm sofort. Ebenso meinem Mann. Nur ich sagte immer wieder: *„Ich ziehe nicht in diese Lehmhütte!“* Sechziger Wellerwände, wohin ich schaute. Lehm, Lehm, Lehm! Nein, so hatte ich mir als junges Ding kein Haus vorgestellt. Jetzt bin ich froh, dass meine Männer sich damals durchgesetzt hatten. Zu dieser Zeit ahnte ich nicht, dass eine Entdeckung in diesem Haus mein Leben verändern würde.

Tante Traude hatte das Grundstück nach dem Tod von Frau Ehrt, der Ehefrau eines Heilpraktikers, weitergeführt. Als junges Mädchen ging sie bei ihnen in Stellung, welches damals so üblich war. Sie arbeitete auch in der Praxis beim Heilpraktiker, Herrn Ehrt, mit und sagte mir, dass die Patienten auch aus Halle und weiterer Umgebung anreisten, nur um von ihm behandelt zu werden. Leider verstarb er zu früh, vermutlich an einer seit Jahren andauernden Kriegsverletzung aus dem Ersten Weltkrieg, Ende der fünfziger Jahre. Nach seinem Tod blieb Tante Traude bei Frau Ehrt im Haus und wurde Gemeindeschwester. Im Dorf nannte und nennt man sie heute noch „Schwester Traude“.

Nun stellte sich mir die Frage, wie kam die Heilpraktikerfamilie an dieses Haus, gelegen in einem so kleinen Dorf?

Bei einer gemütlichen Tasse Kaffee und selbstgebackenen Kuchen erklärte sie mir den Zusammenhang:

„Als die russische Kommandantur in Halle in deren Haus im Luisenviertel einzog, war ihnen klar, dass sie über kurz oder lang raus müssen. Plötzlich mussten sie innerhalb von 24 Stunden das Haus räumen. Mitnehmen durften sie nur das Schlafzimmer und sein Herrenzimmer. Alles andere wurde konfisziert. Tragisch und kaum zu glauben, dass es wirklich auf der angeblich zivilisierten Welt so etwas gibt. Also zogen sie endgültig auf dieses Dörfchen mit dem Wenigen, was man ihnen ließ.
Dieses Dorf kannten sie bereits durch ihre Jagdpacht hier.
Als Frau Ehrt erfuhr, dass dieses kleine dörfliche Haus, in dem wir beide jetzt Tür an Tür wohnen, verkauft werden soll, trat sie mit den ehemaligen Hausbesitzern in Kontakt und nahm die Kaufverhandlungen erfolgreich auf." Ich schmunzle, als ich dies erfuhr. Frauen sind in Verhandlungen geschickt und bekommen meistens das, was sie wollen. *„Und als was wurde das Haus ganz früher, bevor Frau Ehrt es während des Zweiten Weltkrieges kaufte, genutzt?"*, frage ich, entspannt in ihrem Sessel sitzend und an der Tasse Kaffee nippend. *„Ein Gasthof! Sogar mit Kegelbahn und*

Vereinszimmer!", kommt als Antwort. *„Ein Gasthof?"*, frage ich in plötzlicher aufrechter Sitzstellung, um sicher zu gehen, mich nicht verhört zu haben. Sie steht langsam auf, kramt in ihrer Schatzkiste voller Bilder und reicht mir eine alte Postkarte. „Gasthof zur Linde" steht darauf. Vor dem Gasthaus, auf unserem heutigen Hof, stehen eine Frau, ein Mann und ein Kind. *„Ist das die Gastwirtfamilie?"* - *„Weiß nicht, möglich!"* Ich kann es kaum fassen! Meine Spannung steigt. Dann beschreibt sie mir die Aufteilung der Räume, wie sie damals genutzt worden sind: *"In meiner jetzigen Stube stand der Backofen, die Veranda beinhaltete das Kolonialwarengeschäft, welches die Frau des Gastwirtes führte. Und in deinem jetzigen Büro war früher die Gastwirtschaft, in der das regionale Bier ausgeschenkt wurde."*, fügte sie trocken und ohne jegliche Emotionen hinzu.

Mir stockt der Atem! In meinem jetzigen Büro, in dem ich die Buchhaltung und Lohnabrechnung der regionalen Brauerei führe, in der ich arbeite, wurde damals schon dieses Bier ausgeschenkt?! Meine Gedanken kreisen, finden keinen Anfang und kein Ende. In meinem Kopf suche ich nach etwas. Nur, nach was? Mir wird fast schwindlig, meine Körperhaltung erstarrt. Zu viele Gedanken schwirren durch meinen Kopf. Oh mein Gott! Versteinert, unfähig nur einen Wimperschlag machen zu können, sehe ich meine Nachbarin an. Sie erzählt und erzählt. Doch ihre Worte dringen nicht mehr in mein Ohr. Allmählich wird mir bewusst: Wir wohnen in dem Haus, in dem früher schon das Bier aus der Region ausgeschenkt worden ist! Zufall? Meine Aufregung steigt. Und mit ihr mein Puls.

Ich renne in mein Büro hinüber, durchsuche hektisch die Aktenschränke. Dann finde ich es: 8,5 kg schwer, Länge 46 cm, Breite 33 cm, Höhe 9 cm! Ich schiebe zügig alle Büroakten vom Tisch und …
Das Telefon klingelt. Erschrocken sehe ich hoch. Es sagt mir, das Bockbierfest ist zu Ende!

Bei meiner Ankunft werde ich schon auf der Straße von einer taumelnden und singenden Menge umringt. Alle sind glückselig. Die Straße hinaufblickend sehe ich einen Mann, der in beiden Händen eine Eistüte hält. „Ob das gut geht?", frage ich mich und bleibe einen Augenblick stehen. Er schwankt von der Hauswand zu den parkenden Autos, ohne sie zu berühren und wieder zurück. Gelegentlich knickt sein Knie ein. Doch er hält die Eistüte konstant und tapfer nach oben wie eine Trophäe. Sein Kumpel kommt ihm in der gleichen Gangart entgegen. Kurz vor einem Zusammenprall überreicht er ihm eine Eistüte. Geschafft! Sich gegenseitig stützend so gut es geht, lecken sie am Eis und taumeln zum bereits wartenden Bus.

Als ich die Treppe zum Saal hinaufsteigen will, sehe ich, wie sich ein junger Mann kaum noch auf den Beinen halten kann. Eigentlich kroch er schon fast, wenn man ehrlich ist. Sein Versuch, sich am dunkelroten Vorhang festzuhalten und daran hochzuziehen, missglückt. Ich sehe, wie ganz langsam, nach und nach, fast in Zeitlupe, ein Clip nach dem anderen Clip nachgibt und von der Stange abreißt. In den Vorhang eingewickelt fällt er die Treppe herab, unfähig, sich abzustützen und landet kurz vor meinen Beinen. Einen kurzen Moment stehe ich wie gelähmt vor ihm. Nach kurzer Schrecksekunde beuge ich mich hektisch zu ihm herunter, wühle nach dem Anfang des Vorhangs und lege seinen Kopf frei. Als er mich sieht, grinste er und sagt: *„Alles jut! Nöscht Muddi saachen!“* „Oh, Gott“, denke ich. „Jeder normale Mensch hätte sich bei diesem freien Fall das Genick gebrochen.“ Doch er steht auf, schüttelt sich kurz, kehrt in die Gastwirtschaft zurück und bestellt sich ... ein Bier.
Auf das Schlimmste vorbereitet betrete ich den Saal. Die Luft ist geschwängert vom Geruch des Bockbieres und Eisbein. Mein Blick fällt auf einen jungen Mann, der sicherlich das

erste Mal bei einem Bockbierfest war. Er litt am typischen „Nassen-Scheuerlappen-Syndrom“. Das bedeutet soviel wie:

Voll, wie ein tropfnasser Scheuerlappen, aber immer noch im Versuch, mehr Flüssigkeit, in dem Fall Bier, auftitschen zu wollen. Jungs, das geht aber nicht! Voll ist voll. Da passt nichts mehr rein!
Da hat so mancher den Schluss des Bockbierfestes sicherlich nicht mitbekommen. Die Szenen, die einige jetzt zuhause vor sich haben, sehe ich bildhaft vor mir. Vater im Knatter und rattendicht, Mutter keifend und erfinderisch in neuen Namen. Wenn er Glück hat, bleibt sie in der Tierwelt!

Mein Mann sitzt am Tisch und winkt mir zu. Ich trete näher heran und sehe, dass er nach fünf Stunden Bockbierfest recht gut aussieht. Es war schon mal wesentlich schlimmer.

Zuhause angekommen war sein erster, zielgerader Gang trotzdem ins Bett. Ab einem gewissen Pegel macht Bier müde. Gesprächig sind die Männer in diesem Zustand sowieso nicht. Also versucht nicht, liebe Frauen, ein Gespräch zu führen, geschweige denn, Probleme zu diskutieren. Wartet bis zum nächsten Tag!

Ich nutze seine Schlafphase, um meiner interessanten Entdeckung weiter nachzugehen. Das alte, mit grauem Stoff bezogene Buch, dessen Einband aus echtem Holz besteht, hieve ich auf meinen Bürotisch.
Ich starre auf dieses historische Dokument, unfähig, es sofort aufzuschlagen. Stop! Durchatmen! Ganz ruhig! Ich strecke meine Hände aus. Sie zittern. Ich hole nochmals tief Luft und schlage die erste Seite auf.
In schöner, gleichmäßiger altdeutscher Schrift steht als Überschrift: „Mit Gott“ und darunter „Hauptbuch“.

Ich blättere zur nächsten Seite. Der erste Eintrag einer Bierbestellung ist vom 21. September 1889.

„Debet“ ist das Synonym für Negativ-Salden. Daneben steht der Name des Kunden, darunter die gelieferte Ware. In der gleichen Reihe neben „Debet“ steht „Credit“. Dort ist nachzulesen, wann und mit welchem Betrag der Kunde bezahlt hat. Sorgfältig lese ich Seite für Seite. In der Mitte des dicken Buches finde ich, wonach ich suchte: „Debet Gastwirt Engelhardt“. Ich konnte mein Glück kaum fassen! Ich hielt ein Originaldokument in den Händen, aus dem eindeutig hervorgeht, dass das Gasthaus tatsächlich existiert hat und tatsächlich das regionale Bier bestellt wurde. Für mich ist das der eindeutig, unanfechtbare Beweis, dass in unserem jetzigen

Haus, in meinem Büro früher das Bier ausgeschenkt wurde, von dem ich heute noch monatlich die Biersteuer berechne.

Am 5. Dezember 1917 wurde erstmalig vom Gastwirt Engelhardt Bier bestellt und auch bezahlt. Unglaublich! Ich finde meine Fassung wieder. Die Emotionen schlagen nicht mehr diese Riesenwellen. Mit allergrößter Sorgfalt lese ich Seite für Seite und finde weitere Eintragungen in diesem Hauptbuch. Am 27. Juni 1925 ist die letzte Bierbestellung der Gastwirtschaft Engelhardt aufgezeichnet. Hier endet zunächst meine Suche zum Bezug zu dem regionalen Bier. Aber mein Interesse zum Thema Bier wuchs stetig. Zumal mein Mann an einem 27. Juni Geburtstag hat.
Vorsichtig und voller Stolz schließe ich langsam meinen jahrhundert alten Schatz. Unter mir knarren die Fußbodendielen. Zum ersten Mal denke ich bewusst darüber nach. Mit den Füssen auf den Dielen hin und her wippend überlege ich, wie viel Bier hier wohl verschüttet sein mag. Ist das Dielenholz immer noch getränkt vom damaligen regionalen Bier? Welch angenehme Aura verströmt doch dieser Raum!

Während mein Mann nun tief und fest schläft, sitze ich wieder bei Traude im Garten und berichte ihr von meiner aufregenden Entdeckung. Die Gespräche mit ihr sind immer sehr unterhaltsam. Mit ihren über achtzig Jahren ist sie noch ganz schön fit. Seit mehr als zwanzig Jahren wohnen wir Tür an Tür. Ich frage sie viel über die Vergangenheit aus, was wie wo war. Dabei könnte ich ihr stundenlang zuhören. Ihr Leben ist so interessant, dass es einen Roman füllen könnte.
Da ich weiter neugierig nachfrage, gibt sie mir ihre Schatzkiste voller Bilder. Ich nehme eines nach dem anderen heraus. Bei Personen, die ich auf vorhergehenden Bilder noch nicht sah, frage ich nach. *„Wer ist das?“*, und zeige ihr das schwarz-weiße Foto. *„Ach!“*, sagt sie, *„ Das ist Hans Hass auf dem Ziegenberg. Er fing an, hier sein erstes Buch zu schreiben. Damals war ich knappe zehn Jahre alt. Er war Gast in der Jagdhütte bei Familie Ehrt. Ich glaube, er zog längere Zeit dort ein. Zu diesem Zeitpunkt konnte keiner wissen, dass er mal weltbekannt sein wird!“*
Ich war buff!

Hans Hass, der weltbekannte Tiefseetaucher und Meeresforscher, schrieb sein erstes Buch mit 18 oder 20 Jahren auf dem Ziegenberg in diesem kleinen Dorf. Leider verstarb er am 16.06.2013 im Alter von 94 Jahren. Möglicherweise arbeitete er damals an seinem ersten Werk „Jagt unter Wasser mit Harpune und Kamera“, welches 1939

erschien. Sein Leben wurde mit „Das Mädchen auf dem Meeresgrund“ verfilmt. Darin spielen Yvonne Catterfeld, eine hervorragende Sängerin und Schauspielerin, Lotte Hass und Benjamin Sadler den Meeresforscher Hans Hass. Ein sehenswerter Film, den ich gern empfehle.
Möglich, dass mich sein Werk „Expedition ins Unbekannte“ von 1961 veranlasste, ein Buch über Bier zu schreiben. Für mich war das Thema „Bier“ zunächst auch eine Unbekannte, deren Vielfalt und Möglichkeit ich eindeutig unterschätzte. Vielleicht ist es aber auch das Tauchen an sich. Ich bevorzuge zwar das Schnorcheln im Meer, jedoch tauche ich gern mal in einem warmen Bierbad ab.

Ich löchere Tante Traude mit weiteren Fragen und sie erzählt:
„ Die Hallenser waren leidenschaftliche Jäger. Frau Ehrt war übrigens die erste Frau im ehemaligen Bezirk Halle, welche die Jagdprüfung absolvierte. Das war damals eine absolute Sensation. Ihre erste Jagdpacht befand sich in der Nähe eines kleinen Dorfes bei Sangerhausen. Als sie zufällig erfuhren, dass hier im Revier eine Jagdpacht frei wird, gaben sie ihre Jagdpacht bei Sangerhausen auf. Der bisherige Revierförster ging nämlich in Rente. Anfang der 30er Jahre hatte der alte Förster das Revier unter sich. Mit seinem Hund hütete er es mit großer Sorgfalt. Ich erinnere mich, dass sein Hund mit Korb im Maul des Öfteren allein zu unserer Mühle lief. Darin befand sich ein Zettel auf dem stand, was dem Hund mitzugeben sei: Eier, Butter,

Käse, Mehl. Der Korb wurde mit den gewünschten Essereien gefüllt und der Hund lief zurück zu seinem Herrchen."

Ja, so war es früher, bevor man über Internet alles bestellen konnte und per DHL ins Haus kam. Und, wie ich finde, erfolgte die Lieferung wesentlich schneller, frischer und spannender.

Ich schenke uns beiden ein kleines Glas „Faro" ein. Dieser spezielle Biertyp, der nur im brüsseler Raum vorkommt, zeichnet sich durch eine leichte Säure und sehr fruchtiges Aroma aus. Der süßliche Antrunk wird hierbei sehr gut mit einem weinigen Abgang kombiniert. Leider gibt es inzwischen viele Bierstyle in der Welt, die vom „aussterben bedroht" sind. Ich glaube, das „Faro" gehört mittlerweile dazu.
Tante Traude nimmt einen kleinen Schluck von diesem Bier, nickt anerkennend und meint: *„Weißt du, früher hatte meine Mutter immer Bier in ein Gefäß getan und dieses in den Garten gestellt. Über Nacht zog der Duft die Schnecken an, die am Gefäßrand hoch krabbelten und sich am Bier labten. Am nächsten Morgen waren sie alle darin gefangen und wir Kinder trugen sie dann an eine andere Stelle, an der sie keinen Fressschaden anrichten konnten."* „Das schöne Bier!", denke ich. Verwundert sehe ich sie an. Bekomme ich jetzt eine Einweisung in Gartenpflege? Aus Erfahrung weiß ich, dass ältere Menschen gern, ohne erkennbaren Grund, das

Thema wechseln. Dann fährt sie fort: *„Dieses Bier schmeckt mir richtig gut. Damit hast du mich echt überzeugt und als neuen Biergenießer gefangen."* Erleichtert atme ich aus. Nach einer kurzen Denkpause sagt sie plötzlich: *Tja! Mit Bier fängt man nicht nur Schnecken!"*, grinst und muss im selben Moment über die Doppeldeutigkeit herzhaft lachen wie ich. So ist sie, meine Tante Traude. Immer für eine Spaß bereit.

Nachdem wir uns wieder beruhigt hatten, fährt sie fort: *„Nun hatten die Hallenser das Revier unter sich. An den Wochenenden verbrachten beide dort ihre Zeit und nahmen auf dieser Art und Weise Abstand vom Trubel und der Hektik in der Stadt. Da die Mühle nicht weit entfernt davon lag, blieb es natürlich nicht aus, dass sich unsere Familien kennen lernten. Zumal es in der Mühle immer frisches Essen gab. Nach nicht all zu langer Zeit bauten sie sich eine Jagdhütte, um dort zu übernachten und längerer Zeit hier verweilen zu können. Ab und zu kam Graf Luckner zu uns." „Graf Luckner, der Graf Luckner, der die Stadt Halle im Zweiten Weltkrieg vor der Zerstörung durch die Alliierten rettete?"*, frage ich ungläubig nach. *„Ja!"*, kam von ihr als Antwort, so als sei ganz normal und zuckte mit ihren Schultern. Sie hat ihn tatsächlich persönlich kennen gelernt. Natürlich als Kind, aber mit lebendigen, bildhaften Erinnerungen. Sie geht in ihr Wohnzimmer und bringt mir signierte Fotos vom ihm sowie an die Familie Ehrt gerichteten Postkarten.

Graf Luckner ging tatsächlich bei ihren Eltern in der im Tal gelegenen Mühle ein und aus. In ihren Erinnerungen beschreibt sie ihn als großen, kräftigen und muskulösen Mann. Er trug an seinen Füßen Holzpantinen mit Lederriemen. Pfeife rauchend genoss er die Ruhe und Idylle des Tals. *„Er war ein sehr gebildeter und welterfahrener Mann. Während er von seinen Schiffsreisen erzählte, hörten alle immer gespannt zu. Einmal soll er in einer der Gaststuben ein Telefonbuch mit seinen bloßen Händen zerrissen haben.“*

Jetzt wurde ich neugierig und begann gleich am nächsten Tag zu recherchieren. Im Internet finde ich unter anderem:

Felix Graf von Luckner, geboren am 9. Juni 1881 in Dresden, wuchs im nahen Gut in Pennrich auf. Letztmalig war er anlässlich der Beisetzung seines Halbbruders Karl 1964 in Halle (Saale). In den Jahren 1940/1945 lebte er in Halle als Privatmann im Haus seiner Mutter, Alte Promenade 13. Öffentliches Auftreten wurde ihm zu dieser Zeit untersagt. 1959 ernannte man ihn zum Großmeister des Tempelherren-Ordens. Am 13. April 1966 starb Felix Graf von Luckner in

Malmö/Schweden, wurde aber kurz darauf auf dem Ohlsdorfer Friedhof in Hamburg beigesetzt.

Schade, ich finde im Internet keinen Hinweis auf das kleine Dörfchen hier. Wie enttäuschend! Aber vielleicht war es sein Geheimnis, welches er mit ins Grab genommen hat?! Warum? Möglicherweise, weil er hier, abgeschieden von jeglicher Öffentlichkeit, einfach mal Mensch sein durfte? Wie dem auch sei, ich habe eine Zeitzeugin als Nachbarin, die ihn als Kind kennen lernte! Und das ist mehr Wert als alles Geschriebene über ihn.

In seinem Buch „Aus 70 Lebensjahren" heißt ein Kapitel „Mein liebes Halle". Er muss diese Stadt innig geliebt haben. Sicherlich schon deshalb, weil er in Halle, dem Wohnort seiner Großmutter, viele unvergessliche Tage verbrachte. Mit 38 Jahren, also 1919, traf er die Entscheidung, seine Abenteuer in Buchform zu veröffentlichen und Vorträge abzuhalten. Seinen ersten Vortrag, noch im selben Jahr, hielt er in einer Hallenser Brauerei.

Brauerei? Nun war ich wieder beim Thema BIER! Es verfolgt mich! Trank Felix Graf von Luckner Bier? Das gefragt, bestätigt meine Nachbarin: *„ Na, sicher doch! Er war kein übermäßiger Biertrinker, genoss es aber gern bei einer Pfeife mit meinem*

Vater." Und wieder die allgemeine leidliche Frage: Was finden Männer am Bier? Warum trank Graf Luckner gern Bier?

Ich suche weiter nach Antworten darauf und finde sie:

Der Urgroßvater des deutschen Seeoffiziers und Schriftstellers Felix Graf von Luckner war Johann Nikolaus Graf Luckner, franz. Nicolas Luckner. Dieser wurde am 12. Januar 1722 in Cham in der Oberpfalz geboren. Als deutscher General stand er, als Marschall von Frankreich, in französischen Diensten. Ihm zu Ehren wurde am 26. April 1792, das später als französische Nationalhymne Marseillaise bekannt gewordene Kriegslied der Rheinarmee von Rouget de Lisle, komponiert. Wow, wer hätte das gedacht! Unglaublich! Da er aber seine versprochene Pension von Frankreich nicht ausbezahlt bekam, ging er von Deutschland nach Paris, um diese einzufordern. Welch fataler Fehler! Prinz Carl von Hessen denunzierte ihn und ließ ihn verhaften. Am 3. Januar 1794 stand Johann Nicolaus von Luckner vor dem Revolutionstribunal. Einen Tag später, am 4. Januar 1794, starb er in Paris durch das Fallbeil! Seine letzten Worte waren:

> »Ich zweiundsiebzigjähriger Greis sterbe im Bewusstsein meiner Unschuld.« [4]

Bereits ein Jahr später wurde Marschall Luckner vom Nationalkonvent rehabilitiert. Nun gut, das nützt ihm auch nichts mehr. Kopf ab ist Kopf ab! Seltsame Welt. Erst hebt man ihn und seine Verdienste in den Himmel, komponiert eigens für ihn die heutige französische Nationalhymne und zum Schluss wird er geköpft. Wie krass ist das denn?

Ich lese weiter und fand Erstaunliches heraus:

Johann Nikolaus Graf Luckner, war der Sohn bürgerlicher Eltern. Sein Vater, Samuel Luckner, war Chamer Gastwirt, Bierbrauer und Hopfenhändler.

Na das ist ja ein Ding! Der Vater von Marschall Luckner, demnach der Ururgroßvater von Felix Graf von Luckner war Bierbrauer?! Jetzt erklärt sich mir die Tatsache, dass Luckner gern mal ein Bier trank und auch warum. Er stammt aus einer Brauerfamilie!
Nachdem ich die interessante Tatsache herausfand, dass Graf Luckner einer Brauereifamilie entstammte, war ich auf der Suche nach weiteren Persönlichkeiten, die ebenso gern Bier tranken, und wurde fündig.

An **Johann Sebastian Bach** (1685-1750) erinnere ich mich sehr gut aus meiner Schulzeit. „Das brandenburgische Konzert“ war mein Prüfungsthema. Was ich zur damaligen

Zeit nicht wusste, ist, dass Bach bereits im Alter von 20 Jahre eine Bieroper komponierte, welche im Rathaussaal von Schwarzburg als Singspiel "Die Klugheit der Obrigkeit in Anordnung des Bierbrauens" [5] aufgeführt wurde. Diese Oper gliedert sich in vier Akte, dem „Loosen, Mälzen, Brauen und Schenken". Für mich ist das der eindeutige Beweis, dass Bach nicht nur großes Interesse am süffigen Getränk Bier hatte und diesem zugetan war, sondern zeigt auch, welche Bedeutung Bier im 18. Jahrhundert hatte. Leider war schon 1904 die Partitur dieser kleinen Opera nicht mehr auffindbar. Übrigens erfolgte die Besoldung Bachs während seiner Anstellung als Organist an der Neuen Kirche zu Arnstadt nicht nur aus dem Biergeld und der Biersteuer. Bach erhielt u.a. 30 Eimer Bier pro Jahr als Entlohnung. Ein Eimer entsprach damals 55,568 Liter. Umgerechnet bedeutet dies heute circa 4,7 Liter Bier pro Tag.

Von **Ludwig van Beethoven** (1770-1827) wird behauptet, dass er seine Anregungen aus dem Wein holte. Tatsächlich aber, so schreibt sein Chronist Anton Schindler, besuchte er immer gegen vier Uhr nachmittags die Bierwirtschaft „Zum Blumenstock" im Ballgässchen, um sein Lieblingsbier zu trinken. Abends las er Zeitung, rauchte sein Pfeifchen und nahm gern ein Glas guten Bieres zu sich. Im August 1820 erkrankte er schwer. Vier Tage lang waren ein Glas Bier und einige Semmeln seine Mahlzeit. Sein Chronist schreibt, dass er schnell gesundete.

Bedřich Smetana (1824-1884), tschechische Komponist, wurde im böhmischen Leitomischl (Litomysl) als Sohn des Brauereipächters František Smetana geboren. 1831 siedelte die Familie Smetana nach Jindřichov in Südböhmen um. Dort übernahm sein Vater die Leitung einer Brauerei, die dem Grafen Czernin gehörte. Noch heute ist die Schlossbrauerei eine nationale Gedenkstätte der Kultur.

Richard Strauß (1864-1949) gehört unumstritten zu den berühmtesten deutschen Komponisten. Eigens für seinen Onkel, dem Brauereibesitzer Georg Pschorr, komponierte er 1876 einen Festmarsch in Es-Dur op.1. Anlässlich der silbernen Hochzeit am 12.11.1886 von seiner Tante Johanna und seinem Onkel Georg Pschorr komponierte Strauss einen Festmarsch in D-Dur. Richard Strauß's Mutter war demnach die Tochter des Bierbrauers Joseph Pschorr und Maria Theresia Hacker. Unter dem Ehepaar Pschorr und Hacker gründete sich im 18. Jahrhundert die „Hacker-Pschorr-Brauerei", die sich zur führenden Münchner Brauerei entwickelte. Nach dem Tod der Eltern fiel die Pschorr-Brauerei an Georg und die Hacker-Brauerei an dessen Bruder Matthias. Erst 1972 verschmolzen beide Brauerein wieder zur

Hacker-Pschorr Bräu. Heute ist sie Teil des Paulaner-Verbundes und gehört zur Brau Holding International. Letztere ist ein Joint Venture der Schörghuber Unternehmensgruppe und Heineken.

Das flüssige Glück namens Bier ist aber nicht nur von Komponisten bevorzugt worden.

Jacob Theodor Diether (1522-1590), vielleicht besser bekannt als Tabernaemontanus, war Arzt und Botaniker. In seinem „New Kreuterbuch" widmet er ein Kapitel ausschließlich dem Bier. Darin beschreibt er von zwanzig verschiedenen Bieren die Eigenschaften und deren Wirkungen. Da er von der Nützlichkeit des Bieres überzeugt war, unterbreitete er eine ganze Reihe von Vorschlägen, wie Bier besser gebraut werden kann. Er empfiehlt, Hopfen anstatt Kräuter zur Bitterung zu verwenden.

Tadeaš Hajek Hagecius (1525-1600) kennt keiner. Ich auch nicht. Aber dieser böhmische Naturwissenschaftler, Astronom, Mathematiker und Arzt widmete dem geliebten Bier seine gelehrte Abhandlung „Über das Bier und die Verfahren seiner Zubereitung, sein Wesen, seine Kräfte und Wirkungen". Diese erschien bereits 1585. Unter anderem heißt es darin, dass „... dieses Getränk, wenn richtig zubereitet, sehr gesund und nahrhaft ist, unsern Geist festigt und erweckt, den Sinn stärkt und erheitert.“ [6]

Martin Luther (1483-1546), geboren und gestorben in meiner Heimatstadt Eisleben, war ein trinkfreudiger Reformator. Seine berühmten Thesen, die er an die Kirchentür der Schlosskirche zu Wittenberg am 31.10.1517 anschlug, brachte die Welle des protestantischen Glaubens ins Rollen. Auch soll er einmal behauptet haben: „Wen der Herr liebt, dem gibt er eine Wohnung in der Grafschaft Mansfeld“. [7] Tatsächlich gehörte die Grafschaft Mansfeld um 1525 zu den größten zusammenhängenden territorialen Besitzungen des ober- und niedersächsischen Raumes. Auf circa 1.100 Quadratkilometer Fläche lebten ungefähr 50.000 Menschen. Dazu zählten acht Städte, sechs Schlösser, 14 Burgen und 184 Ortschaften. Vor allem das Bier und die kupfernen Bodenschätze machten die Stadtbewohner reich. Eisleben wurde 1498 im Stil der Frührenaissance aufwendig renoviert. Mit seinen 8.000 Bewohnern galt die Stadt als recht volkreich und war das zentrale Wirtschaftszentrum der Grafschaft. Der florierende Bergbau, die hervorragende Brautradition sowie reger Handel waren kennzeichnend für das Mansfelder Tal. Mit seinen geschätzten 2.500 Einwohnern war das Mansfelder Tal die zweit bedeutendste Stadt der Grafschaft. Karl Krumhaar bezeichnete das Reformationszeitalter als

„Blütezeit unserer Grafschaft". Graf Albrecht von Mansfeld war Martin Luthers bester Freund. Beide tranken gern Bier. „Besser der Arsch leidet Frost, als der Hals Durst!" [8] ist eines von Luthers vielen Sprüche zum Thema Bier. Interessante Hinweise findet man auch in der Mansfelder Spangenbergchronik. Darin wird berichtet, dass der zur Grafschaft Mansfeld gehörende Brauhof in Wippra „… anfänglich über den Flecken nach Mitternacht hinaus gestanden an dem Bache, so noch der Bottichenbach heißt, da man vor verlaufener Zeit gar gut und wohl geschmortes Bier gebraut, welches man hin und wieder in andere Orte verführet, dessen ihm Graf Albrecht, als er Anno 1559 zu Augsburg auf dem Reichstag krank gewesen ein Fass hinauf fahren lassen, ließ sich auch gedunken, er hätte sich an dem selben wieder gesund getrunken, wie wohl es von Natur und Art ein solches Bier, dass der Leib mehr erkältet denn erwärmt." [9]
Seit anno 1480 klang es :

„Hiermit wird bekannt gemacht, dass keiner in die Wipper macht, denn morgen wird gebraut." [9]

Wie nahe kann da die Vermutung liegen, dass der Graf mit seinem besten Freund Martin auch ein Bier im Brauhofe zu Wippra trank?

Luthers Kenntnisse über das Brauen beweisen nicht nur die Briefe an seine bierbrauende Frau Katharina von Bora, die liebevoll von ihm auch „Herr Käthe“ genannt wurde. Auch folgendes Zitat zeigt eindeutig, dass er im Metier Bier zuhause war:

„Den ersten Bierbrauer habe ich schon oft verflucht. Es wird mit dem Bräuen soviel Gerste verterbet, dass man ganz Deutschland (damit) möchte erhalten, und solls also verterben, dass wir so schändlich Jauch daraus machen, welche wir darnach an die Wand pissen. Es gehöret in itzlich Viertel Bier drei Scheffel, und wo eine Stadt gut Bier bräuet, so sind ihr hundert, die Speibier bräuen. Die Bierliebe und das Sterben werden noch zur Verlegung der Universität führen. Denn unsere Wasser sind alles andere als gesund. Sie bringen den Tod. Darum werden wir weichen müssen.“ [6]

Und er wich zum Bier! Luther selbst trank täglich Bier. Mit seinen jungen 34 Jahren war er 1517 Initiator und Verfechter einer neuen Weltreligion, dem Protestantentum. Ich frage mich an dieser Stelle, ob es möglicherweise einen Zusammenhang zwischen täglichem Biergenuss und inspirativen Wirken gibt?

Es kann doch wohl kein Zufall sein, dass ein Mensch, der täglich Bier genoss, eine komplett neue Weltreligion erschuf! Ein toller Gedankenansatz, den man mal näher beleuchten

sollte. Denn auch für Franklin und den alten Ägyptern war Bier „flüssiges Glück“.
Sind wir mal ehrlich zu uns selbst. Haben wir nicht mehr Lust und Kraft zu neuen Ideen, wenn wir glücklich sind? Sollte man an dieser Stelle nicht einmal über die inspirierende Wirkung von Bier nachdenken?
Des weiteren gebe ich folgende Tatsache zu bedenken: Die durchschnittliche Lebenserwartung im Mittelalter betrug 35 bis 40 Jahre. Luther, der täglich Bier trank, wurde 63 Jahre alt! J. T. Diether, T. H. Hagecius und Graf Albrecht von Mansfeld lebten alle im 16. Jahrhundert, tranken regelmäßig Bier und wurden alle über 60 Jahre alt. Wieder ein Zufall?

Ein Satz von Luther gefällt mir am besten: „Wer kein Bier hat, hat nichts zu trinken!“ [1] Wie wahr! Besonders in jener Zeit war Bier das Nahrungsmittel Nummer 1 und sorgte für das Überleben im Mittelalter.

Dass das Bier eine außerordentlich wichtige Rolle im Mittelalter spielte, belegt eine interessante Studie von Dr. Charly Bemforth. Er ist Professor für Brauwesen an der Universität in Kalifornien. Doch dazu an anderer Stelle mehr.

Wer kennt nicht den **Otto von Guericke** (1602-1686)? (Achtet mal auf sein Alter!) Als die Schweden 1642 die Straßen und den Fluss Elbe um Magdeburg blockierten, gelang es Guericke, durch geschickte Verhandlungen weiteres Unheil von der Stadt abzuwenden. Die Magdeburger machten ihn aus Dankbarkeit zu ihrem Bürgermeister. Diese konnten ihn aber nicht bezahlen. Von Guericke störte das aber nicht, denn er verdiente seinen Sold selbst. Nämlich als Bierbrauer und Landwirt. Die Kenntnisse, die er beim Brauen gewann, waren für seine wissenschaftlichen Arbeiten sehr förderlich. So bewies er die elektromagnetische Anziehung anhand trockener Hopfenblätter. Die ersten Gefäße, an denen er die Evakuierung der Luft erprobte, waren hölzerne Bierfässer seines ererbten Braubetriebes. Berühmt wurde er jedoch mit seinem Experiment mit den Magdeburger Halbkugeln. Dieses Experiment bereitete er nach dem Dreißigjährigen Krieg, also mit seinen fast 50 Jahren, vor. Jedoch nicht mit Stahlhalbkugeln, sondern, man ahnt es bereits, mit leergepumpten Bierfässern aus seiner Brauerei.

Der preußische Unterrichtsminister unter Bismarck, Heinrich von Mühler (1813-1874), schätzte ein gutes Bier sehr. Der Spruch:

„Grad aus dem Wirtshaus komm ich heraus,
Straße, wie wunderlich siehst du mir aus!“ [10]

wird ihm nachgesagt.

Kaiser Wilhelm II. (1859-1941) - und das ist nur wenigen bekannt - war Mitbesitzer der städtischen Lagerbierbrauerei in Hannover. Die Behauptung, dass der letzte deutsche Kaiser nie Wein oder Bier trank, ist nicht zutreffend. Er selbst hatte kurz nach seinem Regierungsantritt die „Bierabende“ im Berliner Schloss eingerichtet. Dort spielte er gern Skat und trank als „Tafelgetränk seiner Majestät des Kaisers“ [6] Bier aus der Brauerei seines fürstlichen Freundes. Bereits im Winter 1888 war er zwei- bis dreimal in der Woche im heute nicht mehr existierenden „Klosterkeller“ in der nördlichen Friedrichstraße in Berlin zu Gast und trank aus eigens für ihn bestimmten Deckelglas Bier. „ Zeig mir eine Frau, die wirklich Geschmack am Bier findet, und ich erobere die Welt.“ [11], sagte er einmal. Ich bedauere, dass ich ein halbes Jahrhundert zu spät geboren wurde! Vielleicht hätte er sie mir zuliebe erobert! Denn ich bin Bierliebhaberin und finde Geschmack am Bier.

Verfolgt man die Geschichten bekennender Bierliebhaber, so scheint Bier eine reine Männerdomäne zu sein. Wo sind da die Frauen? Gibt es auch bekannte weibliche Persönlichkeiten, die Bier tranken und um dessen Gesundheitswirkung wussten? Oder bestand ihre Aufgabe nur darin, Bier zu brauen? Nein, es gab sie tatsächlich. Sie brauten nicht nur Bier, sondern tranken es auch.

Hildegard von Bingen (1098-1179) ist wohl die bekannteste Frau, die sich intensiv mit Bier beschäftigte. Sie sagte: „cerevisiam bibat!“ Das heißt übersetzt: „Man trinke Bier!“ [12] Im 12. Jahrhundert war Bier trinken überlebenswichtig. Dieses werde ich an späterer Stelle näher beschreiben. Hildegard von Bingen wurde 81 Jahre alt!

Katharina von Bora (1499-1552), Martin Luther seine Frau, erlernte im Kloster Brehna nicht nur den Hopfenanbau, sondern auch den Beruf der Bierbrauerin. Sehr zur Freude des trinkfreudigen Reformators Martin Luther. Jährlich produzierte Katharina von Bora in ihrem zuhause 4.000 Liter Bier. Das sind täglich elf Liter bezogen auf 365 Tage im Jahr. Da Bier brauen zu den Hausarbeiten einer Frau zählte und auch heute noch viel Zeit in Anspruch nimmt, gehe ich davon aus, dass Katharina wöchentlich Bier braute. Die sich daraus ergebende Menge von rund 75 Litern ist realistisch. Im Tagebuch bei Cordatus heißt es: “ … sie baute Getreide, buk Brot und braute das Bier für den großen Haushalt“ [13]. War ihr Gatte längerer Zeit auf Reisen, so ließ er sich den von ihr gebrauten köstlichen Gerstensaft nachsenden. In verschiedenen Quellen findet man Hinweise darauf, dass Martin Luther seiner Gattin sogar drohte, nicht eher nach Hause zu kommen, bevor sie ihn nicht ihr neues Bier schickte. Obwohl Katharina von Bora eine hervorragende Bierbrauerin war, gelang es lange Zeit nicht, sie zu verheiraten. Mit ihren schräg stehenden schmalen Augen und hohen Wangenknochen soll sie keine Schönheit gewesen sein. Selbst ihre romantische Beziehung zum Nürnberger Patriziersohn Hieronymus Baumgartner († 1565) endete leider durch den Einwand von dessen Vater. Er willigte nicht in eine Ehe mit Katharina von Bora ein. Zwar war sie adlig, aber völlig mittellos. Bis Martin kam und ihre wahren Qualitäten erkannte. Hinter einem erfolgreichen Mann, so lehrt es die Geschichte, steht immer einer starke Frau. Schönheit ist nicht das Wichtigste im Leben, sie ist vergänglich. Jedoch lässt sich Mittellosigkeit durch Fleiß und Beharrlichkeit beheben.

Und ich. Zwar bin ich keine Persönlichkeit in dem Sinne, aber ich bin bekennende Biergenießerin. Jeden Tag trinke ich ein Glas Bier! Konstant und ohne Abstriche! Sowohl bei privaten als auch bei gesellschaftlichen Anlässen. Während die Damen in ihrem Cocktailkleid mit spitzen Fingern ihr Sekt- oder Weingläschen halten und vornehm daran nippen, halte

ich ein Bierglas in der Hand. Die stummen Blicke der Frauen sprechen Bände, die der Männer nicht. Wein enthält mehr Alkohol als Bier. Wein macht müde, Bier inspiriert den Geist! Ob die Damen es wissen?
Hat jemand mal darüber nachgedacht, warum in einem Wirtshaus die Tür immer von innen nach außen aufgeht? Ich vermute folgendes: Biertrinker fallen, wenn sie zu viel getrunken haben, immer nach vorn. Weintrinker hingegen fallen immer nach hinten. Warum das so ist, weiß ich allerdings nicht. Aber ich glaube, das ist der Grund, weshalb die Wirtshaustür immer nach außen aufgeht.

Das Bier brauen befand sich bis zum Mittelalter ausschließlich in der Obhut der Frauen. Es war reine Frauensache! Bierbrauen war Teil der Hausarbeit. Eine Tatsache, die niemand leugnen kann. Grund dafür könnten die natürlichen Hefen auf der Haut einer Frau gewesen sein. Möglicherweise waren diese natürlichen Hefen für die spontane Vergärung von Bierwürzen besser geeignet. Erst mit der Erfindung des Mikroskops zwischen 1590 und 1600 zweier niederländischer Optiker, Zacharias Jansen und dessen Vater Hans, konnten Hefen als spezielle Lebewesen nachgewiesen werden.

Die Bedeutung der Tradition des Bierbrauens durch Frauen erkennt man übrigens auch daran, dass bis in das 19. Jahrhundert hinein ein kupferner Braukessel zur Mitgift gehörte. Was dagegen erhält der moderne, bierliebende Mann im jetzigen Jahrhundert als Mitgift?

Während man sich heute auf ein Kaffeekränzchen trifft, traf man sich zur damaligen Zeit zum Umtrunk. Man kostete eben auch das Bier der Nachbarin. Es blieb dabei aber nicht nur beim Verkosten. Nein, nein! Das „Weiberzechen“ war weit verbreitet und so mancher Mann musste seine Frau abholen. Der historische Ursprung des Kaffeekränzchens ist demnach das Bierkränzchen. Natürlich passierte es gelegentlich auch, dass die Frau ihren daheim angesetzten Biersud vergaß und dieser, zum Leidwesen des Ehemannes, misslang. Jetzt erschließt sich für mich der Spruch: „Bei ihr ist Hopfen und Malz verloren.“ Aber unter den Frauen gab es absolute Bierbrautalente. Ihnen gelang jeder Biersud. Im Mittelalter war diese Gabe jedoch gefährlich, da man sehr schnell einer Bierhexe bezichtigt wurde. Die letzte Bierhexe soll übrigens im 16. Jahrhundert verbrannt worden sein.

Da im Mittelalter ausschließlich Frauen Bier brauten, kam mir der Gedanke, alte Märchen zu durchforsten, um zu prüfen, ob ich in ihnen Hinweise über den Gebrauch von Bier finde. Und diese fand ich tatsächlich bei den Gebrüder Grimm, die Mitte des 18. Jahrhunderts ihre berühmten und weltbekannten Märchen, die „Grimm`s Märchen“, schrieben. Besonders interessierte mich das Märchen „Rumpelstilzchen“. Jedes Kind kennt den Ausspruch:

> „Heute back ich, morgen brau ich,
> übermorgen hol ich der Königin ihr Kind;
> ach, wie gut, daß niemand weiß,
> daß ich Rumpelstilzchen heiß!“ [14]

Je länger ich darüber nachdenke, frage ich mich: Welcher mittelalterliche Mann, im tiefsten Wald lebend, würde sich freiwillig ein Kind ins Haus holen, wo er selbst kaum für sich sorgen kann? Welcher Mann hatte im Mittelalter Kuchen gebacken? Und da Bier brauen ausschließlich der Frau oblag, stellt sich mir die Frage: War Rumpelstilzchen eine Frau?

Wenn man Hinweise über Bier in Märchen findet, gibt es vielleicht auch welche in der Bibel. Allein die Tatsache, dass der Heilige Vater den Genuss von Wein an Fasttagen untersagt, den von Bier aber nicht, beweist, dass Bier seit

jeher nützlicher ist. In der Bibel suchte ich diesbezüglich nach Aufzeichnungen oder Hinweisen. Das Einzige, was ich fand, war die Hochzeit von Kana, bei der Jesus Wasser zu Wein machte. Nun ja, rein biologisch nicht möglich. Denn Wein ist vergorener Fruchtsaft. Das heißt, in den Fässern hätte nicht Wasser, sondern Früchte beziehungsweise Fruchtsaft sein müssen. Dann würde es für mich einen Sinn ergeben. Bedenkt man aber, dass die alten Sumerer zufällig Bier erfunden hatten, in dem mit wilder Gerste gefüllte Krüge sich ganz zufällig mit Regenwasser füllten und daraus Bier entstand, stellt sich für mich die Frage: Hatte Jesus möglicherweise nicht Wasser zu Wein, sondern Wasser zu Bier gemacht? Ist es vielleicht ein Übersetzungsfehler?
Im jüdischen Speisegesetz ist die Einteilung in koschere und nicht koschere Nahrungsmittel festgeschrieben. Nach dessen Definition ist Wein nicht koscher. Bier hingegen ist gemäß der jüdischen Speiseregel koscher! Also frage ich mich: Weshalb sollte Jesus, der jüdische Wanderprediger, Wasser zu Wein gemacht haben, wenn in der jüdischen Religion Wein nicht koscher ist?
1887 fand man die Tell-Amana-Briefe, dessen Alter auf circa 1380 vor Christus datiert wird. In diesen Briefen findet man Hinweise darauf, dass für die Zubereitung von starken Getränken Gerste, Honig und andere Früchte verwendet und allgemein als „shekar“ bezeichnet wurden. Betrachtet man die

Herkunft des Wortes im Zusammenhang seiner Bedeutung, bezeichnet „shekar" ein berauschendes Getränk jedweder Art, unabhängig, von welcher Quelle es entstammt.
Meine „Wasser-zu-Bier-Theorie" wurde für mich durch ein zufälliges, außergewöhnliches Bildmaterial bestärkt: „Das Westfälische Abendmahl". Diese kunstvolle Glasmalerei aus den Anfängen des 16. Jahrhundert stammend, geschaffen von einem unbekannten, aber großartigen und talentierten Künstler, ist in der spätgotischen Hallenkirche St. Maria zur Wiese, kurz Wiesenkirche von Soest, zu bestaunen. Es zeigt das Abendmahl Jesus Christus und seinen 12 Aposteln bei Schinken, Schweinskopf, Pumpernickel, Schnaps und BIER! Bedenkt man, dass bildhafte Darstellungen immer einen Blick in die Vergangenheit werfen, könnte es tatsächlich möglich sein, dass der Künstler eine andere übersetzte Bibel als Vorlage hatte. Vielleicht sogar das Original? Bei diesen Überlegungen muss man mit in Betracht ziehen, dass Nordrhein-Westfalen zu jener Zeit noch ein Weinland war. Wie kommt der Künstler auf Bier? Um dieser Frage nachzugehen, vereinbarte ich einen Termin in der Wiesenkirche Soest.

Der Tag ist glühend heiß. Die angespannte Neugier lässt jedoch meine dreistündige Autofahrt wie im Fluge vergehen. Mir schwirren viele Fragen im Kopf herum, die ich versuche, zu sortieren. Es ist meine erste Begegnung mit einem Theologen, mit welchem ich über biblische Themen sprechen möchte.

Ich stehe wie gebannt vor der stattlichen Wiesenkirche in Soest. Langsam öffne ich die Kirchentür, angenehm kühle Luft strömt mir entgegen und mein direkter Blick fällt auf das gegenüberliegende imposante Glasgemälde: „Das Westfälische Abendmahl". Ein von Meisterhand geschaffenes Glasrelief wie keines gleichen. Unglaublich!

Hier treffe ich Dr. Werner Günther. Sein freundlicher Empfang ließ meine Aufregung schnell abklingen. In seinen Ausführungen bestätigt er mir, dass es sich tatsächlich um Bierkrüge, sogenannte „Soester Bullenköppen", handelt. Doch eine eindeutige, zweifelsfreie Erklärung, weshalb der Künstler Jesus Christus mit seinen Jüngern beim letzten Abendmahl beim Bier darstellte, gibt es nicht. Dies wird wohl das Geheimnis des unbekannten Künstlers bleiben und weiterhin für viel Spekulationen sorgen. Darüber bin ich aber nicht enttäuscht. Es ist ein wundervoller, sonniger Nachmittag, abgerundet mit einem spannenden Gesprächsthema - Bier.

Anschließend ließ ich es mir nicht nehmen, im Brauhaus Zwiebel vorbeizuschauen. Ein handgebrautes Bier in einer Gasthausbrauerei musste ich noch verkosten, bevor ich Soest verlasse. Und wie war, nicht nur das Ambiente im Biergarten und die Küche waren exzellent. Das dort gebraute, naturtrübe Bier war von außerordentlichem Geschmack. Ein Besuch lohnens- und empfehlenswert.

Sehen wir uns die Rohstoffe für das Bierbrauen doch einmal genauer an. Neben Wasser dürfen nur DIE Gerste und DIE weiblichen, unbefruchteten Hopfendolden für einen Brausud verwendet werden. DIE Hefen sind verantwortlich für DIE Gärung. Grammatikalisch alles weiblich. Bei so viel weiblicher Jungfräulichkeit ist es dem Manne nicht zu verdenken, dass er unweigerlich Bier lieben muss. Vielleicht sogar so sehr lieben muss, dass es so mancher als Medizin betrachtet.

Der Übergang vom Winter zum Frühjahr ist immer einer kritische Zeit. Überall wird geschnupft und gehustet.

Eines morgens sitzt auch mein Mann mit tropfender Nase und gelegentlichen Hustenanfällen am Frühstückstisch. Seine Augen tränen. *„Ich fahre nach dem Frühstück los und hole dir Medikamente. In drei Tagen hast du einen wichtigen Termin. Da musst du wieder fit sein!"*, sage ich besorgt zu ihm. *„Nein, lass mal. Ich bekomme das schon hin!"*, erwidert er mit näselnder Stimme. Ok, denke ich. Nun ja, er ist alt genug und ich bin nicht seine Mutter.

Nach dem Frühstück öffnet er eine Flasche Bier. *„Du bist krank!"*, mahne ich mit vorwurfsvollem Blick. *„Eben!"*, gibt er verschnupft als kurze Antwort zurück. Während ich mit dem Kopf schüttele, gießt er die Hälfte der Flasche in einen Topf und erwärmt sein Bier. So heiß wie möglich trinkt er es aus und legt sich ins Bett zurück. Ich höre ihn schniefen und husten. Nach fast vier Stunden kommt er triefnass geschwitzt in die Küche zurück und erwärmt die andere Hälfte der Bierflasche … und das gleiche Ritual beginnt von vorn. Wortlos schüttele ich den Kopf.

Am anderen Morgen sieht er schon besser aus. Und wieder trinkt er den ganzen Tag nur heißes Bier. Am dritten Tag, pünktlich zum besagten Termin, ist er gesund. Kein Schnupfen, kein Husten, keine tränenden Augen. Respekt, denke ich so bei mir. Er muss ein total intaktes Immunsystem haben.

Fünf Tage später, wie nicht anders zu erwarten, kann ich nicht aus den Augen sehen. Der Schnupfen scheint aus allen möglichen Öffnungen laufen zu wollen. Eine Niesattacke löst die andere ab. Mein Kopf wiegt gefühlt das Dreifache. *„Was meinst du?"*, fragt er. *"Soll ich dir auf den Rückweg aus der Apotheke Medikamente bringen? Ich lasse mir auch gleich noch Medikamente gegen deren Nebenwirkungen mitgeben. Und wieder Medikamente gegen deren Nebenwirkungen!"* Mit zusammengekniffenen Augen und ausgestreckter Zunge erwidere ich seine Ironie.

Ich denke kurz über das von ihm Gesagte nach und entscheide für mich, es einfach mal auszuprobieren. Warmes Bier! Allein bei diesem Gedanke bekomme ich Haut von Gans. Was soll`s! Versuchen kann ich es ja mal. In meinem Leben trinke ich den ersten halben Liter warmes Bier. Ich muss sagen, es schmeckt gar nicht schlecht. Ein bisschen gewöhnungsbedürftig, aber zu ertragen.

Dick eingemummelt liege ich im Bett und schwitzte wie das liebe Vieh. Meinen Tag verbringe ich mit warmem Bier und ständig wechselnden Sachen. Ich schlafe tief und fest. Vier Tage und ... ich bin von allem Übel befreit. Kein Schnupfen, kein Husten, keine tränenden Augen. Meine Neugier ist geweckt. Ist Bier tatsächlich für die Genesung verantwortlich? Oder ist es Zufall?

Aus dem Medizinschrank hole ich die Medizinflasche, die in der Werbung angepriesen wird, und lese die Inhaltsstoffe: Paracetamol, Dextromethorphan, Doxylamin, Ephedrin, 30 ml enthält 18 Vol.-% Alkohol. Alles Begriffe, die man kaum aussprechen kann. 18 % Alkohol? Das ist ja fast reiner Schnaps! Ich sehe auf dem Etikett der leeren Bierflaschen nach, die vier Tage lang meine Begleiter waren. 4,8 % Alkohol. Davon dürfte ein großer Teil beim Erwärmen verdampft sein, denn Alkohol verflüchtigt beim Erhitzen.

Ich nehme aus der Arzneiverpackung den Beipackzettel heraus und mache das, was ganz sicher nicht viele Kranke machen. (Hauptsache schnell gesund ! Koste es, was es wolle!)
Ich lese ihn! Die Nebenwirkungen sind der Hammer: Krampfanfälle, Kopfschmerzen, Depressionen, Hautausschlag, Muskelschwäche, Wahnvorstellungen, Verstopfung usw. In Gedanken versunken schüttle ich den Kopf.

Mein Mann hat mit seinen ironischen Worten Recht gehabt. Wenn man das schluckt, braucht man weitere Medizin, um die möglich auftretenden Nebenwirkungen auszuschalten. Und wiederum Medizin, um deren Nebenwirkungen zu beheben. Einen Kreislauf, den sich sicherlich viele hingeben!

Die Entscheidung, meine Erkältung ganz einfach mit warmem Bier auszukurieren, war für mich die richtige Wahl. Im Vergleich zum Medikament hatte ich mit meinem Bier sogar weniger Alkohol zu mir genommen! Dass mein Mann mal wieder Recht hat, wurmt mich. Jetzt begann ich mit meinen eigenen Recherchen, die ich nicht zurückhalten will.
Bei Erkältungen greift man zu gern auf Antibiotika zurück. Ein jeder kennt den Begriff, hat von ihm schon gehört oder musste dieses selbst schon einmal einnehmen. Dabei wird vergessen, dass Antibiotika vornehmlich Bakterien bekämpft, aber keine Viren oder Pilze. Das heißt, dass bei einer Erkältung, hervorgerufen durch Viren, die Einnahme von Antibiotika völliger Unsinn ist. Das bekannteste Breitbandantibiotika ist Tetracyclin. Es ist ein Antibiotikum und wird in der heutigen modernen Medizin unter anderem bei Husten, Blasenentzündungen, Akne, Atemwegsinfektionen und bakteriellen Infektionen eingesetzt. Ich erinnere mich sogar an den Entdecker des Tetracyclins aus dem Biologieschulunterricht zu meiner Zeit. Der

schottische Bakteriologe, Alexander Fleming, entdeckte 1928 das Antibiotikum Tetracyclin. 1945 erhielt er dafür den Nobelpreis.

Während meinen Recherchen hatte ich weitaus interessantere Entdeckungen gemacht, besonders zum Thema Tetracyclin. All diese ist so grandios, dass ich sie nicht vorenthalten möchte.

Sehen wir uns die Ägypter einmal genauer an.

Seit mehr als 10.000 Jahren befindet sich der Mensch auf den Weg zur Zivilisation. Die größte Zivilisation der Antike war unangefochten Ägypten. Der Bau seiner pompösen Pyramiden bleibt bis heute ein Rätsel. Wenn man allerdings weiß, wie die Arbeiter vermutlich entlohnt wurden, ist des Rätsels Lösung nah.

Alle am Pyramidenbau beteiligten Arbeiter sollen - man ahnt es - mit Bier entlohnt worden sein. Täglich erhielten die Arbeiter nach Dienstschluss einen Zettel auf dem Stand, wie viel Bier sie verdient hatten.

Wer möchte, darf jetzt tief in sich gehen und sich selbst genau diese Frage zum Feierabend stellen. Wer würde jetzt verdursten?

Wissenschaftler fanden heraus, dass ein Pyramidenbaumeister täglich mit 3,7 Liter Bier entlohnt worden ist. Als Single dürfte das in Ordnung gewesen sein. Wartet jedoch eine fünfköpfige Familie auf ihn, dann wird es für den Mann zu Hause eng. Denn im alten Ägypten tranken alle Bier, selbst Kleinkinder. Bier war eine wichtige Nahrungsquelle und Energielieferant, weil es reich an Vitaminen und Mineralstoffen war.

Der Alkoholgehalt war - im Vergleich zum heutigen Bier - sehr gering. Professorin Dr. Betsy Bryan, Ägyptologin der John Hopkins Universität fand heraus, dass auch Schulkinder, bevor sie in die Schule gingen, morgens eine Schale Bier, anstelle von heute modernen Ceralienriegeln und Vitaminpräparaten, erhielten. Es lässt sich vermuten, dass so gesunde, leistungsfähige, kräftige und erstaunlich produktive Menschen heranwuchsen, die Großartiges erschufen.

Mit Bier wurde im antiken Ägypten getauscht und bezahlt. Es war sozusagen eine gängige Währung. Alles Mögliche und Alltägliche wurde damit gehandelt und bezahlt. Leider ist es heute nicht mehr so. Mit der Einführung der Biersteuer auf jeden verkauften Liter, unterliegt die Bierproduktion heute einer strengen Kontrolle. Gelegentlich kann man sich mit Bier noch einen Gefallen erkaufen. Aber auch nur dann, wenn es ein außergewöhnliches Bier ist. Früher hätte man für Bier eine ganze Pyramide bekommen.

Für den Bau der Pyramide von Gizeh sollen schätzungsweise rund 860.000.000 Millionen Liter Bier benötigt worden sein. Selbst der zweitgrößte Bierproduzent Deutschlands, könnte mit seiner Bierjahresproduktion nur eine wesentlich kleinere Pyramide bauen lassen.

Bier betrachteten die alten Ägypter als Geschenk der Götter. Der griechische Gott Ra war nicht nur Schöpfer der Liebe und des Lebens, sondern auch der Schöpfer des Bieres. Die Ägypter hofften, im Falle ihres Todes, dass im Jenseits Tausende von Krügen Bier auf sie warteten. Innenschriften an ägyptischen Gräbern zeigen an, wie viel davon ihnen im nächsten Leben zustehen wird.

In diesem Zusammenhang ist ein für mich interessanter Wissenschaftler der Anthropologe Prof. Dr. George Armelagos. Mit seinem Forscherteam untersuchte er mumifizierte Körper, um herauszufinden, wie die alten

Ägypter lebten. Dabei macht er bereits 1980 eine revolutionäre Entdeckung. Erst 30 Jahre später konnten alle Zweifel anhand wissenschaftlicher Nachweise ausgeräumt werden. Nachzulesen sind diese im „American Journal of Physical Anthropology", Band 143, Seite 151. Er fand in den jahrtausend alten Ägypterknochen eine hohe Konzentration an Tetracyclin. Selbst bei Kindern war eine hohe Konzentration nachweisbar. Zunächst glaubten seine Kollegen, er habe einen Fehler gemacht. Denn Tetracyclin wurde ja erst 1928 offiziell von Alexander Fleming entdeckt. Prof. Dr. Armelagos und sein Team ließen nicht locker. Er fand eine solch hohe Konzentration von Tetracyclin in den Knochen, sodass er zwangsweise davon ausgehen musste, dass es nur in Form von Nahrung aufgenommen werden konnte. Es konnte sich nur um Nahrung gehandelt haben, welches die Ägypter dauerhaft und ständig zu sich nahmen. Um welches Nahrungsmittel könnte es sich gehandelt haben?

Nun begann die eigentliche Forscherarbeit. Mit allen möglichen antiken Back- und Kochrezepten wurden Versuche und Analysen durchgeführt. Erfolglos, bis zu dem Zeitpunkt, als sie ein dreitausend Jahre altes antikes Rezept zur Herstellung von Bier ausprobierten. Der Triumph ließ nicht mehr lange auf sich warten. Das nach dieser alten Rezeptur gebraute Bier ist ein ziemlich saures Gebräu, vermutlich ähnlicher der Geuze, und enthält Tetracyclin. Prof. Dr. Armelagos ist der unanfechtbare Nachweis gelungen, dass das Antibiotikum Tetracyclin aus den Knochen alter Ägypter eindeutig von diesem Bier stammt.

Wer ist nun der wahre Erfinder von Tetracyclin? Ich würde sagen: das BIER!
Möge es uns lange erhalten bleiben!
Jetzt erklärt sich für mich möglicherweise der Umstand, weshalb mein Mann während seiner Erkältung drei Tage lang warmes Bier trank. Ich tat es ihm gleich und gesundete ebenso nach relativ kurzer Zeit mit angewärmtem Lieblingsbier. Ganz ohne Nebenwirkungen! Befindet sich auf natürlicher Weise im Bier auch das Antibiotika Tetracyclin?

Am 23.4.1516 wurde das Deutsche Reinheitsgebot von den bayrischen Herzögen, Wilhelm IV. und Ludwig X, in Ingolstadt erlassen. Dieses besagt, dass Bier ausschließlich aus Wasser, Hopfen und Gerste hergestellt werden darf. Keine weiteren Zutaten sind zulässig. Diese erste landesweit gültige Verordnung auf deutschem Boden gilt in Deutschland bis heute! Und das ist gut so! Denn somit ist die Qualität des deutschen Bieres seit Jahrhunderten gesichert. Ich würde es sogar als das älteste Hygienegesetz der Welt bezeichnen. Denn dieses ist für den guten Ruf des deutschen Bieres in der ganzen Welt verantwortlich. Betrachtet man die heutigen industriell hergestellten Lebensmittel genauer, so frage ich mich: Wie viele davon sind ohne Zusatz-, Aroma- und Konservierungsstoffe hergestellt? Ist Bier vielleicht die absolute Ausnahme, dank der heutigen deutschen Bierverordnung, gegründet auf dem Deutschen Reinheitsgebot?

Doch es gibt ein weiteres, weniger bekanntes Reinheitsgebot, welches bereits 1434, also 82 Jahre bevor die bayrischen Herzöge ihr Reinheitsgebot in Ingolstadt erließen, herausgegeben wurde. Es ist die spätmittelalterliche Wirtshausregel "Statuta thaberna" [15] der Stadt Weißensee, ein Gesetz über das Brauen von Bier. Dieses bisher unbekannte Dokument wurde 1998 zufällig entdeckt und legt im Artikel 12 fest, dass Bier nur aus Hopfen, Malz und Wasser gebraut werden darf. Hier waren die Thüringer schneller als die Bayern. In der „Statuta thaberna“ sind auch Strafmaßnahmen für Verstöße gegen die Brauregeln aufgeführt.

Auch Hildegard von Bingen empfahl zu ihrer Lebenszeit, also im 12. Jahrhundert, dass die Biere mit „Hoppos", heute Hopfen, gebraut werden sollen, da „Hoppos" nicht nur eine desinfizierende Wirkung hat, sondern gleichzeitig das Bier länger haltbar macht. Außerdem wirkt es beruhigend. Aha, daher vielleicht mein tiefer Schlaf während der Erkältung?

Selbst Plutarch, griechischer Schriftsteller und Philosoph (46-128 n. Ch.) sagte bereits:

> **„Bier ist unter den Getränken das Nützlichste,**
> **unter den Arzneien das Schmackhafteste,**
> **unter den Nahrungsmitteln das Angenehmste."** [16]

Wenn dem so ist, dann sehen wir uns unser Bier mal genauer an. Denn im Bier steckt noch viel, viel mehr.

Ein Zufall lies mich eine weitere Entdeckung machen.

Unser verlängertes Wochenende und vier wundervolle Biergenießertage mit meinem Mann sind vorbei. Wir besuchten einige Insider-Gasthausbrauereien und verkosteten eine Reihe selbstgebrauter Biere. Aus meiner Sicht reichte die Palette von schmackhaften bis hin zu weniger schmackhaften Bieren.

Das Display im Auto zeigt eine Außentemperatur von 38 Grad Celsius. Der Himmel ist blau und ausnahmsweise wolkenlos. Obwohl die Autobahnen recht voll sind, kommen wir zügig voran. Nur noch eine Stunde Autofahrt und wir sind zuhause. Die Vorfreude auf ein kühles Bier steigt mit abnehmender Kilometerzahl.
Zuhause angekommen gehe ich zum Kühlschrank und öffne diesen in freudiger Biererwartung. Doch mein Gesicht erstarrt. Ungewollt klappt mir die Kinnlade runter. Die Butter kommt mir entgegen gelaufen und tropft auf den Fußboden, die Wurstränder zeigen zum Wurstinneren und der Käse verzieht sein Gesicht.
Reflexartig taste ich zur Bierflasche. „Mist, warm!" Noch während ich nach einer Lösung auf ein gekühltes Bier suche, betritt mein Mann die Küche*: „Schatzi, wo bleibt das Bier?"* Stumm zeige ich auf den geöffneten Kühlschrank. Mit hochgezogenen Augenbraunen betrachtet er das Malheur. *„Oh!"*, ist das Erste, was er sagt und verstummt wieder. *„Na gut, dann legen wir die Bierflasche eine Weile in kaltes Wasser und üben uns in Geduld. Vorfreude ist die schönste Freude!"*, meint er nach sekundenschneller Entscheidung. Während ich die

Lebensmittel aus dem Kühlschrank räume, kümmert er sich um unser gut gekühltes Bier. Ich erinnere mich, dass unsere Nachbarin, Tante Traude, mir unlängst erzählte, dass es zu ihrer Jugendzeit keinen Kühlschrank gab. In der ehemaligen Gastwirtschaft, welches nunmehr mein Büro ist, konnte Bier nur deshalb gekühlt ausgeschenkt werden, da sich an der Zapfanlage eine mit Eis gefüllte Kühlsäule befand. Selbst in der regionalen Brauerei hatte man noch bis 1959 Eis gestochen. Erst ein Jahr später erfolgte der Bau einer Kühlanlage. Um Bier zu kühlen, wurde früher Eis geschlagen und über weite Strecken transportiert. Eis war das Kühlmaterial Nr. 1. In seiner Beschaffung ist es nicht nur teuer gewesen, sondern es schmolz auch während des Transportes.

Die deutschen Einwanderer, Frederick Miller (früher Müller) und Adolf Coors beschäftigten sich als Erster mit der künstlichen Kühlung. Dieses Prinzip wurde von der Brauerindustrie finanziert, entwickelt und am häufigsten eingesetzt. Carl Linde (1842-1934), der Borsig-Ingenieur, verflüssigte als erster Luft und erfand die Kompressionskältemaschine. Deren Ersteinsatz erfolgt 1876 im ehemalige Böhmische Brauhaus in Berlin. Nun konnte das ganze Jahr über Bier gebraut und Bier getrunken werden. Die Kühlung von Bier war eine entscheidende Erfindung, um dieses haltbarer zu machen.

Ohne Bier und seinen geschäftstüchtigen Bierliebhabern wäre der heute haushaltsübliche Kühlschrank nicht entstanden. Heute ein Gerät, welches in keinem Haushalt fehlen darf. Und wer war Antrieb der Erfindung? Das Bier!

Louis Pasteur (1822 - 1895), französischer Chemiker und Mikrobiologe beschrieb in seiner Arbeit „Ètudes sur la bière“ [17], dass Hefen aus Mikroorganismen bestehen. Er stellte fest, dass ohne Hefen keine Fermentation (Gärung) stattfinden kann und sie somit eine außerordentlich große Bedeutung für den Gärprozess haben. Weiterhin ging er der Frage nach, warum Bier nach einer gewissen Zeit seinen Geschmack ändert. Unter dem Mikroskop sah er nicht nur die großen runden Hefezellen. Er entdeckte, dass Bier lebt und fand die kleinen Bakterien, die das Gärverhalten stören und den Geschmack des Bieres verändern.

Bekannt geworden ist er mit seiner Erfindung, der Pasteurisierung. Viele verbinden diesen Begriff mit Milch. Aber die Erfindung der Pasteurisierung haben wir dem Bier zu verdanken. Demnach war Bier das erste Getränk, welches pasteurisiert wurde.

Viele wissenschaftliche und technische Errungenschaften können auf Bier zurückgeführt werden.

Michael Owns erfand 1901 eine Maschine zur Herstellung von Glasflaschen. Das besondere daran ist, das als erstes damit Bierflaschen hergestellt wurden. Mit der Bierflaschenproduktion konnte der Umsatz an Bier gesteigert werden, der Handel entwickelte sich rasant und der gesellschaftliche Wohlstand nahm seinen Lauf. Ich glaube, dass dieses aber auch den Beginn des Imagewandels beim Bier einläutete. Aus dem Nahrungsmittel wurde ein Massenprodukt, dem bald der Begriff „Genussmittel“ folgte.

Die bekannteste Bierflasche kam vom Mond direkt zur Erde und befindet sich im Brauereimuseum der Brauerei Yuengeling in Pottsville / Pennsylvania, der ältesten Brauerei Amerikas.
Neil Armstrong (geb.1930), betrat am 21.7.1969, 3 Uhr 56 Minuten MEZ das „Meer der Ruhe“ auf dem Mond. An diesem Punkt des Mondes soll er eine Flasche heimatlichen Bieres aus der Brauerei Yuengeling ausgetrunken haben. Das Leergut hatte Neil Amstrong wieder zur Erde mit zurückgenommen. Seither befindet sich die Flasche im dortigen Brauereimuseum. Becks hatte übrigens damals die Hefe mit zum Mond geschickt. Die Scottish and Newcastle

Brewery hatten sogar eine ganz verrückte Idee. Sie wollten eine Minibrauerei auf der Mondfähre einbauen, um auf dem Mond Bier brauen zu können. Eine Flasche „mondgebrautes“ Bier sollte dann umgerechnet circa eine halbe Million Euro kosten.

Ich bin der Überzeugung, dass mit der Erfindung des Bieres sich die Welt Grund auf veränderte und den Verlauf der Menschheitsgeschichte beeinflusste. Gern teile ich die Meinung des Historikers Gregg Smith, dass man die Zeitrechnung auch anders definieren könnte.

Derzeit sprechen wir von der Zeit nach Christus und vor Christus.

Vielleicht sollten wir das ändern in:

NACH Bier und VOR Bier!

Doch was war denn „VOR Bier“? Na klar, die Urgesellschaft!

Begeben wir uns nun auf eine kleine Bierzeitreise und beginnen - wie im Geschichtsunterricht Klasse 5 - mit der Urgesellschaft.

In jedem Geschichtsbuch ist eindeutig die Rolle der Frau und die des Mannes in der Urgesellschaft nachlesbar. Die Männer waren Jäger, brachten die erlegten Tiere in die Höhle, versorgten die Sippe mit Nahrung und gingen handwerklichen Tätigkeiten nach. Die Frauen waren Sammler, stillten und erzogen die Kinder, bereiteten die Nahrung zu und hielten die Höhle sauber.
Je nach Nahrungsangebot zogen die Jäger und Sammler samt Sippe von Höhle zu Höhle. Doch plötzlich, cirka 9.000 Jahre vor Christi, hörten sie auf zu wandern und wurden sesshaft. Mesopotamien wurde gegründet. Aus Höhlen wurden Hütten. Unglaublich, aber vermutlich wahr, ist der Grund dafür die Erfindung des Bieres, welches sich zum beliebtesten Getränk der Jäger und Sammler entwickelte. Es schmeckte und tat allen gut. Nun stellt sich die Frage: „Wie konnte dieses primitive Volk Bier herstellen, wofür heute komplizierte Technik notwendig ist?“ Der Gärungsexperte, Dr. Thomas Shellhammer, (den übrigens mein Sohn während seines Studiums zum Diplombraumeister in Berlin kennen lernte, als dieser von November 2008 bis August 2009 als

Gastprofessor tätig war) und sein Team beschäftigten sich intensiv mit dieser Frage und kamen zu folgendem Schluss:

Während des Sammelns stießen die Mitglieder der Urgesellschaft zufällig auf wilde Gerste, die sie in Krüge füllten. Plötzlich begann es fürchterlich zu regen. Alle liefen schnell zurück zur Höhle und ließen die mit wilder Gerste gefüllten Krüge stehen, die sich mit Regenwasser füllten. Die Gerste quoll auf und bildete Zucker. Nach einer nur kurzen Regenpause fing es erneut an zu regnen. Wilde Hefen in der Luft verarbeiteten den Gerstenzucker in Kohlendioxid und Alkohol. Nachdem der Regen aufhörte und die Wege wieder begehbar waren, gingen sie zu ihren Krügen zurück, die sie in der Eile stehen ließen, um sie mit in die Höhle zu nehmen. Der Blick in die Krüge ließ sie erstaunen und alle sahen sich verwundert an. So etwas hatten sie noch nie gesehen. Es blubberte.
Nachfolgende Szene, die möglicherweise so ablief, wird sinngemäß so beschrieben:

Der Mutigste von allen tauchte seinen Finger in die blubbernde Flüssigkeit und leckte ihn ab. Alle standen regungs- und fassungslos um ihn herum, gespannt, was jetzt passiert. Er wiederholte das Prozedere, wieder und wieder. Keiner regte sich, alle hielten den Atem an. Der Vorkoster sah mit leuchtenden Augen in die Sippenrunde, legte den Kopf leicht in den Nacken, spitzte seinen Mund, rülpste laut und lange. Jetzt kam Bewegung unters Volk. Das wollte jeder mal - laut rülpsen. Also tauchte jeder seine Hand in den Krug und kostete. Alle kamen zu dem Entschluss ... es schmeckt gar nicht schlecht. Das scheint die Geburtsstunde des Bieres zu sein.

Nun stellen sich für mich die Fragen: Wären wir Frauen und Männer ohne die Erfindung des Bieres immer Sammler noch Jäger? Haben wir es dem Bier zu verdanken, dass wir nicht mehr in Höhlen wohnen? Sind wir vielleicht sesshaft geworden, weil wir Bier miteinander trinken wollten?

Sollte die Theorie von Dr. Thomas Shellhammer stimmen, so muss Bier älter sein als Brot! Doch in allen Literaturen finde ich die Aussage, dass erst Brot und danach das Bier „erfunden" wurden.
Zufällig stieß ich auf eine Studie vom Chemiker und Archäologe, Dr. Patrick McGovern. Darin wies er wissenschaftlich nach, dass Brot erst 3.000 Jahre nach der Erfindung des Bieres gebacken worden ist. Bei Ausgrabungen im Nahen Osten fand er in alten Tonkrügen Rückstände, die Bier enthielten, lange Zeit, bevor der Mensch Brot backen konnte. Er war in der Lage, aus diesen Spuren das älteste

bekannteste Bier der Welt zu rekonstruieren, braute es - nach dieser mehr als neuntausend Jahre alte Rezeptur - nach und verkostete es. Sein Urteil: Lecker!

Glaubt man den Theorien der beiden anerkannten Wissenschaftler, Dr. Patrick McGovern und Dr. Thomas Shellhammer, dann wurde wilde Gerste nicht angebaut, um Brot zu backen, sondern um Bier herzustellen. Damit dürfte Bier das erste selbst hergestellte und damit älteste Lebensmittel der Welt sein!

In weiten Teilen der Welt ist seit Jahrtausenden Bier Grundnahrungsmittel gewesen. Verantwortlich für das Bierbrauen war von Anbeginn die Frau. In ihrer Obhut lag das Anpflanzen, Bewässern, Pflege und Ernte der Gerste sowie die Fähigkeit des Bierbrauens. Ein von Frauenhand geschaffenes Gesöff muss dem Manne unweigerlich schmecken. Wir sollten diese Tatsache einfach akzeptieren und den bierliebhabenden Mann nicht verteufeln.
Unseren fleißigen Frauenhänden ist es zu verdanken, dass unsere Männer heute noch Bier trinken können. Gönnen wir es ihnen, denn wir Frauen sind dafür verantwortlich, dass dieses Getränk nicht im Verlaufe der Evolution verloren gegangen und Bier noch heute das beliebteste Getränk von allen ist.

Dr. Steven Tinney, Direktor der University of Pennsylvannia und Experte antiker Texte, gab mit seinem Team nicht nur ein sumerisches Wörterbuch heraus. Er stellt auch die These auf, dass die Schrift erfunden wurde, weil man „Buch“ führte über die gelieferte Ware, wie z.B. Bier. Anhand seiner Forschungsergebnisse wies er nach, dass der Bierhandel alle Rekorde geschlagen haben muss. Auf alten antiken Tontafeln findet er immer wieder dasselbe Zeichen - das Symbol für Bier. Bier muss eine bedeutende Rolle gespielt haben, denn es gab davon 160 verschiedenen Zeichen. Es scheint so, als ob in der Antike mehr Worte für Bier verwendet wurden als Eskimos Worte für Eis haben. Dem ist auch nicht ganz so verwunderlich. Es gab nur zwei Kulturen, die sich nicht mit der Bierbrauerei beschäftigten - die Aborigines und die Eskimos.

Wie ich bereits zuvor erwähnte, gibt es eine Studie von Dr. Charly Bemforth, Professor für Brauwesen an der Universität

Kaliforniens, und seinem Team, die darin den wissenschaftlichen Nachweis erbrachten, dass Bier die Menschen im europäischen Mittelalter rettete. Die Idee hierfür war genial. Um dieses nachzuweisen, entnahmen sie Wasser aus einem Teich, dessen Wasserqualität der des Mittelalters entsprach, und brauten daraus ein nach tausend Jahre alter Rezeptur Bier. Zuvor wurde das Wasser mithilfe eines Lebensmitteltestes auf Colibakterien untersucht. Wie zu erwarten, war es voll davon. Nun wurde aus dem colibakterienverseuchten Wasser Bier gebraut und nach einer Woche erneut beprobt. Das Ergebnis ... es waren keine Colibakterien mehr nachweisbar und das Bier ohne Bedenken trinkbar. Heute wissen wir, dass das Erhitzen die Colibakterien abtötet. Die Menschen damals kannten diesen Zusammenhang nicht. Sie wussten, dass Wasser trinken krank macht. Warum das so ist, wussten sie nicht. Bier hatte ihnen auch besser geschmeckt. Und das war gut so. Denn so blieben sie gesund und das Bier für uns als Kulturgetränk erhalten. Nachlesen kann man dieses in Bemforths Buch „Beer is proof god loves us - Reaching for the soul of beer and brewing“.

Besonders in den Seuchenzeiten war Bier das einzige gesunde Getränk gewesen. Martin Luther machte dieses mit seiner Aussage: „... Denn unsere Wasser sind alles andere als gesund.

Sie bringen den Tod. Darum werden wir weichen müssen.“ [6] sehr deutlich. Damit meinte er konkret: weg vom Wasser, hin zum Bier! Denn durch Fäkalien, Schlachtereiabfälle und Gerbereien wurden Flüsse, Bäche, Teiche und Brunnen verseucht. Jeder wusste, dass man sterben könnte, wenn man dieses Wasser trinkt. Es gab in jener Zeit jedoch ein Getränk, welches nicht krank machte. Das Bier. Selbst dann nicht, wenn Bier mit dem verseuchten Wasser gebraut wurde, wie die Studie von Dr. Charly Bemforth bewies. Bier war im Unterschied zu Wasser oder Milch keimfrei. Im Bier können keine gesundheitsschädlichen Keime wachsen. Es ändert zwar seinen Geschmack aufgrund von Alterungsprozessen, die den uns vertrauten Geschmack beeinflussen. Aber im Bier sind pathogene Keime nicht überlebensfähig.

Bier hat uns Europäer gerettet, Bier war im Mittelalter das gesündeste Getränk und galt als Grundnahrungsmittel. Jeder trank Bier, Kinder, Erwachsene und Greise. Bier wurde sozusagen von der Geburt bis hin zum Tod getrunken.
Der durchschnittliche Bierverbrauch im Mittelalter betrug pro Person dreihundert Liter jährlich. Das ist mehr als dreimal soviel wie heute. Allerdings hatte es deutlich weniger Alkohol als das heutige Bier.
Es gibt sogar eine offizielle kirchliche Segnung für das Bier! Papst Paul V. schrieb 1614 in seinem “Rituale Romanum”:

„Herr, segne dieses Bier, das durch Deine Gnade aus dem Kern des Getreides hervorgegangen ist. Gib durch die Anrufung Deines Hochheiligen Namens, dass jedermann, der davon trinkt, Gesundheit des Leibes und Schutz für seine Seele erlange, durch Jesum Christum unseren Herrn.“ [18]

Besonderen Dank gilt hier wohl dem im Mittelalter gegründeten Zirkel der „Reinen Brauer“. Es durften ausschließlich nur die Brauer, die ihr Bier gemäß des deutschen Reinheitsgebotes brauten, in den Maischebottich das Hexagramm eingravieren. Das Hexagramm, die Symbolik des Brauersterns, ist seit dem 15. Jahrhundert offiziell das Zunftzeichen der Brauer und heute weniger als Bierzeichen bekannt. Vielmehr verbindet man es mit dem Judentum. Was das Kreuz für das Christentum ist, ist der Davidstern das Symbol einer ganzen Religion. Wie kommt es, dass das gleiche Zeichen zwei so unterschiedliche Bedeutungen hat?

Kaiser Karl IV war anhand geschichtlicher Aufzeichnungen den Juden sehr wohlgesonnen und schenkte der jüdischen Gemeinde in Prag das Recht, eine Fahne mit eigenen Zeichen zu tragen. Weil im Mittelalter die Bürger ihre Städte oft gegen

Übergriffe, die meist mit Bränden einhergingen, verteidigen mussten, entschlossen sich die jüdischen Gemeinden, den Davidstern als symbolisches Schutzschild zu verwenden.

Erstmalig soll 1492 dieses Symbol in Prag aufgetaucht sein. Das Hexagramm als Judensymbol hatte jedoch erst durch die zionistische Bewegung in den 80er und 90er Jahren des 19. Jahrhunderts seinen Durchbruch. Spätestens seit den Greultaten des Zweiten Weltkrieges verbindet man den Davidstern mit dem jüdischen Volk.

Doch die Geschichte des Hexagramms begann schon lange vor dem 14. Jahrhundert. Man findet es heute noch teilweise auf Amuletten oder an Häusern, deren Bedeutung im Symbol des Schutzes beziehungsweise als Glücksbringer liegt. Man fand dieses Zeichen auch auf einem Siegel aus dem 7. Jahrhundert VOR Christi in Sidon und bei den Templern. Es lässt sich vermuten, dass der Schutzgedanke im Vordergrund stand.

Selbst in den tantrischen Sagen aus dem 8. Jahrhundert vor Christi, finden sich Zeichnungen des Hexagramms im indischen Hinduismus wieder, welches sowohl Gegensatz als auch Verbindung zwischen Mann und Frau darstellen soll.

Die Ägypter nutzten dieses Symbol nicht nur zur Kommunikation mit den Toten, sondern setzten es ebenso als Schutzsymbol für Haus und Herd ein.

Für die Alchimisten bedeuteten die zwei entgegengesetzt übereinander gelegten Dreiecke, die entgegengesetzten Elemente Feuer und Wasser.

Da Brauer und Alchimisten mit Feuer und Wasser arbeiteten und ein „Gebräu" herstellten, vermutet man, dass die Bierbrauer das alchimistische Hexagramm für sich übernahmen. Dieses Symbol sollte das Haus der Bierbrauer vor Feuer schützen. Immer wieder wurde von verheerenden Bränden berichtet, die in Brauerein oder Mälzereien entstanden sind. Teilweise wurden bei diesen Bränden weitere Häuser in Mitleidenschaft gezogen. Manchmal sogar ganze Straßenzüge!

Interessant ist jedoch die Tatsache, dass man den Brauerstern, den sogenannten Zoigl, in dieser Form nur im fränkischen-oberpfälzischen Raum findet. Dort war das Schutzsymbol weit verbreitet, entwickelte sich allmählich als Zeichen der Gastlichkeit und zeigte an, dass in diesem Gasthaus selbstgebrautes, unfiltriertes Bier ausgeschenkt wird. Es wird von Historikern vermutet, dass erst mit der Flucht der Juden aus Nürnberg und Franken dieses Schutzsymbol nach Prag gelang und somit erst viel später zum Symbol der jüdischen Gemeinde wurde.

Es gibt auch eine andere Erklärung für das Hexagramm, die mir persönlich sehr gut gefällt. Die sechs Ecken des Sterns stehen für die wichtigsten Elemente, die beim Bierbrauen notwendig sind: die Erde, auf dem der Brauer steht, das Wasser, die Luft (heute wissen wir, dass die Hefe gemeint ist), das Feuer, die Gerste und der Hopfen.

Diese Überlegungen zeigen, wie interessant das Thema Bier sein kann. Sogar in Filmen erhält das Bier fast immer eine Nebenrolle, in der oftmals sehr interessante Details versteckt sind, die dem Zuschauer fast beiläufig erscheinen.
Unlängst sah ich mir den Film „Django Unchained“, ein Film von Quentin Tatantino, an. Ein großartiger Film, den man unbedingt auf großer Leinwand sehen sollte. In diesem Jahr wurde er mit dem Oscar ausgezeichnet. Und das verdient, wie ich finde. Jamie Foxx spielt den Sklaven Django, Leonardo DiCaprio den Plantagenbesitzer Calvin Candie und Christoph Waltz den deutschen Ex-Zahnarzt Dr. King Schultz, welcher

sich nunmehr sein Geld als Kopfgeldjäger verdient. Wie unschwer zu erkennen ist, liegt eine absolute Starbesetzung vor. Die Handlung selbst spielt im tiefen Süden Amerikas zu einer Zeit, in der Sklaverei hoch im Kurs stand. Auf der Suche nach den Brittle-Brüdern kreuzte ihr Weg unter anderem eine Gastwirtschaft. Diese kurze Szene im Film lenkte meine Aufmerksamkeit besonders auf die nun folgende Handlung. Dr. King Schultz zapft selbst das Bier für sich und Django. Die Art und Weise, wie er es tat, beeindruckt mich. Er greift nach einem leeren Glas, füllt es fast bis zum oberen Rand mit Bier, nimmt einen Holzlöffel, streicht den Bierschaum weg und füllt das Glas weiter bis zum Rand. Mit dem zweiten Bierglas wiederholt er diesen Vorgang. Wie ungewöhnlich! Im Film spielt Dr. King Schultz einen deutschen Ex-Zahnarzt. Den Deutschen wird aber nachgesagt, dass ein Bier nur dann gut gezapft ist, wenn es eine kleinporige und über den Bierglasrand hinausgehende Bierschaumkrone hat. Warum zapft er das Bier nicht wie ein Deutscher? Warum zapft er das Bier schaumlos, lässt den Zapfvorgang einen Moment ruhen und zapft erneut bis zum Bierglasrand nach? Dieser Gedanke ließ mir keine Ruhe und so begann ich, der Frage intensiver nachzugehen.

Des Rätsels Lösung ist ganz einfach und liegt fast auf der Hand. Am 16. September 1620 stach das englische

Segelschiff, die Mayflower, in See, um nach Amerika aufzubrechen. Die Engländer waren es, die das Bier nach Amerika brachten. Und wie trinken Engländer das Bier? Natürlich ohne Schaum! Das liegt unter anderem daran, weil das Glas auf dem Glasrand geeicht und somit nur dann richtig voll ist, wenn es bis oben hin gefüllt ist. Kontinentaleuropäische Gläser haben einen Eichstrich am Glas und lassen so eine große Schaumkrone zu. Übrigens wird den Südengländern eine übermäßige Herpesverteilung nachgesagt. Ob es tatsächlich stimmt, sei dahin gestellt. Damit das Bier aus dem bis zum Rand gefüllten Glas beim Transport vom Tresen zum Tisch nicht ausschwappte, trank der jeweilige „Bierorganisator“ noch am Tresen einen Schluck aus jedem Bierglas ab. Auf diese Art und Weise soll die Übertragung des Herpesvirus die einfachste und sicherste Variante gewesen sein.

Eine weitere These für das Abschöpfen des Bierschaums ist möglicherweise ein alter Aberglaube. Die Inselaner sollen fest daran geglaubt haben, dass Hexen über sie Macht und Gewalt bekommen, wenn sie Bier mit einer Schaumkrone trinken. Die einzige, schützende Alternative lag im „Sichzusaufen“. Denn nur mit der vollkommenen Trunkenheit endet die Macht der Hexen. Diesen letzten Satz, liebe Frauen, lasst euch mal auf der Zunge zergehen. Wie viel Wahrheit könnte darin stecken?

Im Laderaum der Mayflower befand sich als Getränk für die Passagiere, Matrosen und dem Kapitän übrigens kein Wasser! Sondern, man ahnt es, Bier. Ohne Bier wäre die Mayflower nie bis nach Amerika gekommen. Wasser verdirbt schnell und verfault. Die Engländer und Seefahrer wussten, dass sie, wenn sie vom Wasser trinken, krank werden und im schlimmsten Fall sterben würden. Bier dagegen bleibt durch den Hopfen frisch und entfaltet im Körper seine antiseptische Wirkung. Ich vermute, dass das Bier ein IPA, also India Pale Ale, war. Denn dieses Bier ist so stark gehopft, sodass selbst die lange Überfahrt und die Wärme die Bierqualität nicht beeinträchtigten.

Obwohl ich weiß, dass ein IPA nichts für Weicheier ist, ließ ich es mir nicht nehmen, ein solches zu verkosten. Ich entschied mich für das Brewdog Punk IPA und war angenehm überrascht. Meine Zungensensoren stellten sich vorab auf die typische Bitterkeit eines IPA ein. Doch schon der fruchtige Duft dieses Bieres verriet mir die leichte Süße beim Genuss, getragen von fruchtigen Noten. Auf der Zunge nimmt man besonders den Pfirsich- und Mangogeschmack wahr, welcher sanft einen Mantel um die sonst typische

Bitterkeit eines IPA legt. Für eine Frau und IPA-Neulinge sehr gut genießbar und absolut empfehlenswert.
Auf der Suche nach einem auch für Frauen akzeptablen IPA stieß ich auf einen wahren Braumeisterkünstler, dem Italiener Leonardo di Vincenzo. Seine Braumanufaktur Del Borgo liegt in der Nähe von Rom. Seine Handschrift im Bier erkennt man an der edlen Kombination verschiedener Hopfen- und Malzsorten. Bei den nationalen und internationalen Kennern und Gourmets sind besonders die Biere beliebt, die er auch mit recht unüblichen Zutaten wie Kastanienmehl oder Kentucky-Tabak kreierte.

Nun zurück zu unseren Engländern und ihrer „Mayflower".
In Amerika angekommen, hatte man ein Problem. Es gab dort kein Bier. Auch Gerste und Hopfen fand man nicht. Obwohl die Gewässer Amerikas durch ihre Unberührtheit sauber waren, wagte es niemand, das Wasser zu trinken. Sie wussten aus England: Wer Wasser trinkt, stirbt! Dieses wollte nun keiner, zumal sie nun endlich in Amerika angekommen waren.
Der Experimentierfreudigkeit der Engländer sei es gedankt, dass ein neues Bier kreiert wurde: das Eichelbier aus Plymouth. Diese Experimentierfreudigkeit ist den Amerikanern bis heute erhalten geblieben. Im letzten Jahrzehnt entwickelte sich eine neue Bierszene, die Craft-

Brewer. Jahr für Jahr werden fantastische Biere gebraut und immer wieder neue Bierstyle erschaffen.
Mit der Erfindung des Eichelbieres schossen überall die Wirtshäuser wie Pilze aus der Erde. Dort wurde das Bier, wie im Dr. King Schultz im Film Django zeigt, ohne Schaum ausgeschenkt. Die Wirtshäuser dienten nicht nur als Handelszentrum, sondern sie waren auch Drehkreuz der Kommunikation, lange bevor es facebook, twitter oder skype gab. Hier wurden Informationen ausgetauscht und weitergeleitet, diskutiert und verhandelt. Und ... vielleicht inspirierte Bier die Söhne der Freiheit zum Kampf zur Unabhängigkeit Amerikas, der am 16.12.1773 begann.

Warum erwähne ich dieses? Ganz einfach: die Wirtshäuser verhalfen Amerika nicht nur zur Unabhängigkeit, sondern gaben ihr auch gleich die Nationalhymne mit auf den Weg. Francis Scott Key, ein junger Anwalt, schrieb den Text am 14. September 1814. Darin bringt er seine Siegesfreude Amerikas über die Britten zum Ausdruck. Die Melodie entstammt einem englischen Trinklied um 1800, komponiert von John Stafforf Smith (To Anacreon in Heaven). Dieses Trinklied war das Clublied von 1772 bis 1792 der Anacreonitic Society und wurde in England als Nüchternheitstest verwendet. Derjenige, der es noch singen konnte, war bereit für die nächste Bierrunde.

Wer hätte gedacht, dass die Melodie der amerikanischen Nationalhymne einem englischen Trinklied entstammt? Heute ist es die Star-Spangled Banner (deutsch: das sternenbesetzte Banner). Die Melodie ist die gleiche, nur die Worte wurden geändert.

Georg Washington (1732-1799), erster Präsident der USA, wird auch „Vater des Vaterlandes“ genannt. Während des Unabhängigkeitskrieges soll er dem Kongress sogar vorgeschlagen haben, jedem Soldaten täglich Bier zukommen zulassen, um sie bei Kräften zu halten. Das waren ca. 200 bis 300 Fässer Bier pro Tag!
Er selbst wuchs auf der großen Farm der ältesten englischen Kolonie in Nordamerika, Virginia, auf. Seiner Eltern bauten dort auch Gerste und Hopfen an, mälzten und brauten Bier. So ist es nicht verwunderlich, dass sich der junge Washingtoner mit der Braukunst befasste. Er schrieb:

„Nimm ein großes Maß Malzschrot, dazu Hopfen nach Geschmack, koche diese Menge drei Stunden lang, dann seihe 30 Gallonen Melasse dazu, während das Bier (Würze) kochend heiß ist, oder noch besser, schütte die Melasse in den Kühlbottich und seihe das kochende Bier darauf. Laß den Aufguß abkühlen, bis er etwas mehr als lauwarm ist und füge dann ein Quart Hefe hinzu. Ist das Wetter sehr kalt, so bedecke den Bottich mit einer Decke. Laß nun die Masse im

Kühlbottich 24 Stunden gären und fülle sie ins Faß. Das Spundloch muß offen bleiben, bis die Masse beinahe ausgegoren hat. Endlich fülle das Bier auf Flaschen, nachdem seit dem Brautag eine Woche vergangen ist". [6]

Eine weitere und durchaus interessante Tatsache möchte ich den bierliebhabenden Lesern nicht enthalten. Die Gründungsväter Amerikas, Georg Washington, Thomas Jefferson und Sam Adams hatten eines gemeinsam: Sie waren alle Bierbrauer!

Bier und Gesundheit - kann das Hand in Hand gehen? Klar doch! Absolut! Es macht sogar schön! Und all das ist wissenschaftlich bewiesen! Natürlich nur dann, wenn man das Kulturgetränk Bier maßvoll genießt.

Cleopatra badete nicht nur in Eselsmilch. Sie soll auch in Bier gebadet haben. Ich bin zwar keine Königin, aber ich dachte mir: Probier es mal aus!

„Wo ist mein Bier, was eben noch auf dem Tisch stand?" , fragt mich mein Mann, während ich genüsslich in der warmen Wanne

liege. Mit meinem großen Zeh zeige ich in die Richtung, wohin er schauen sollte! Nämlich auf die leere Flasche Bier! *„Bist du verrückt! Das schöne Bier!"*, ruft er entsetzt aus. *„Schatz!"*, erwidere ich. *„Ich habe gelesen, dass Bier schön macht! Lass mich in deinem Bier baden. Du wirst dafür auch königlich entlohnt! Versprochen!"* Ich höre noch ein unverständliches Murren, als er aus dem Bad geht und kurz darauf das typische „Pflub-Zisch-Gluck-Gluck-Gluck-Geräusch"! Er hat sich eine neue Flasche Bier geholt. „Geht doch!", denke ich so bei mir.

Also liege ich in der Wanne und warte, was passiert. Der anfängliche Biergeruch im Bad ist verflogen. Der Schaum in der Wanne ebenso. Nichts passiert. Ich betrachte das vom Bier gefärbte Badewasser. Danach hebe ich meinen rechten Arm und fahre mit dem linken Handrücken darüber. Nichts! Ich teste die Haut am Dekolletee. Nichts! Am Bauch! Nichts! Wie enttäuschend! Nach dem warmen und recht angenehmen Bad kuschle ich mich in meinen Bademantel ein. Ich rieche an den Händen und Armen, um zu prüfen, ob ich nun selbst wie eine Flasche Bier rieche. Aber nicht die Spur. Damit bin ich zunächst zufrieden. Aus dem Badschrank hole ich die Körperlotion, die ich nach jedem Bad auf dem gesamten Körper auftrage, um mit der Körperpflege, wie gewohnt, fortzufahren. Doch da muss ich feststellen, dass sich dieses erübrigt. Keine trocknen, rauen Stellen auf der Haut. Selbst die Ellenbogen waren geschmeidig weich. Ich teste alle

Hautstellen durch. Nichts zu finden, was im Nachgang eingecremt hätte werden müssen. Vor allem das Dekolletee war angenehm weich und zart. Nicht zu früh freuen, denke ich bei mir. Warten wir ab, wie sich die Haut nach einer Stunde anfühlt. Das Ergebnis war selbst nach drei Stunden das gleiche - glatte und zarte Haut. Mit diesem außerordentlich zufrieden stellenden Ergebnis und angenehm zartem Hautgefühl schlüpfe ich unter die Bettdecke meines Mannes. Versprochen ist versprochen!

Ich ging der Frage nach, warum das so ist. Die Hefen im Bier und Hefen allgemein, haben einen hohen Wert an Proteinen. Diese helfen der Haut, verstärkt Sauerstoff aufzunehmen. Dadurch werden die Gewebezellen entgiftet. Neues Gewebe kann sich bilden. Die Haut wird durch die Hefen eindeutig erneuert. Neue, frische Haut verleiht nun mal ein glattes und hübscheres Aussehen.

Im Übrigen wurde eine Bierhexe im 16. Jahrhundert verbrannt mit dem Vorwurf, in Bier gebadet zu haben. Jetzt bin ich aber froh, im 21. Jahrhundert zu leben. Ich muss allerdings ergänzen, dass die Bierhexe deshalb verbrannt wurde, weil sie unter Folter zugab, im Bier gebadet zu haben und anschließend dieses an die Gäste ausschenkte! Wenn dem so war, ist das nicht toll gewesen. Aber muss man dafür gleich auf den Scheiterhaufen?

Die alten Ägypterinnen nahmen sogar den Bierschaum gern zur Gesichtspflege, um die Frische ihres Teints zu verbessern. Vor allem unfiltriertes Bier ist durch seinen hohen Hefegehalt besonders geeignet. Ich kann den Teenies nur dazu raten, es selbst einmal auszuprobieren. Es funktioniert tatsächlich! Wer glaubt, danach aus dem Gesicht nach Bier zu riechen, täuscht sich. Der Biergeruch ist in Einskommanichts verflüchtigt! Aber die Hefen tun auf der Haut zuverlässig ganze Arbeit. Und all das ohne Nebenwirkungen.
Mein persönliches Experimentierobjekt hierfür war meine damals 15jährige Tochter. Bei diesem Versuch musste sie herhalten. Ich wollte selbst wissen, ob es stimmt, was in der Literatur, angeblich mit wissenschaftlichem Nachweis, geschrieben steht. Anfänglich sah sie aus wie ein Streuselkuchen, besonders an der Stirn. Nach einer Woche wollte sie aufgeben. Es bedurfte meinerseits großer Überzeugungskraft, dieses Experiment nicht abzubrechen. Wer selbst Kinder in Teeniealter hat oder hatte, weiß, wovon ich spreche. Aber, ich konnte mich, im Interesse der Wissenschaft, durchsetzen. Früh, mittags und abends musste sie mit einem Wattepad ihre Stirn mit Bierschaum abtupfen. Nach vierzehn Tagen stellte sich so langsam der Erfolg ein.

Die Pickel wurden blasser. Nach knapp vier Wochen war ihre Stirn glatt wie ein Kinderpopo! Für meine Tochter war es eine gefühlte Ewigkeit. Für mich und das Bier ein Erfolg! Warum ist das so? Ganz einfach, weil im Bier Vitamin B6 enthalten ist, welches die übermäßige Fettablagerung und damit die Pickelbildung auf der Oberhaut, verhindert. In einem Liter Bier sind ungefähr 619 Mikrogramm an Vitamin B6 enthalten. Dieses deckt bereits 36 Prozent des Tagesbedarfes!

Der Lieblingspartner von Vitamin B6 ist das Vitamin B9, auch Folsäure genannt. Seine Bedeutung liegt unter anderem in der Zellerneuerung und Zellregeneration, in der Förderung der Sauerstoffversorgung der Zellen und in der Stärkung der Immunabwehr. Weiterhin gewährt es einen guten Schlaf. Besonders in reichen Industrienationen gehört Folsäuremangel zu den häufigsten Vitamindefiziten.

Das Vitamin B3, auch bekannt unter den Namen Niacin oder Nicotinsäure, ist ebenfalls verantwortlich für eine gesunde Haut und gesunde Schleimhäute. Eine Unterversorgung an Vitamin B3 führt unter anderem zur Zunahme der Hornhaut, Überpigmentierung und Hauteinrissen, die besonders in den Mundwinkeln sehr schmerzhaft sein können.

All diese Vitamine befinden sich im Bier.

Von einem Inhaltsstoff, der in JEDEM Bier vorkommt, war ich überrascht. Dieser Inhaltsstoff wird auch als die „Königin der Vitamine“ bezeichnet. Es ist das Vitamin B12. Kein vergleichbares Vitamin wirkt sich auf das körperliche, mentale und emotionale Wohlbefinden des Menschen so intensiv aus. Eine synthetische Herstellung ist aufgrund seiner komplexen Struktur nicht möglich. Jeder Körper benötigt dieses Vitamin zur Zellteilung und Zellneubildung. Es schützt das Herz, ist gut für den Kreislauf, regeneriert die Schleimhäute, entgiftet und ist verantwortlich für die Bildung neuer Nervenschichten. Ist der Mensch an Vitamin B12 unterversorgt, können Mangelerscheinungen wie Störung der Blutzellenbildung, niedriger Hämoglobinwert, Infektanfälligkeit, Depressionen, kribbeln in Händen und Füßen auftreten. Jedes tierische Lebensmittel, besonders die Innereien, enthalten Vitamin B12. Vielleicht sollten die Veganer unter uns darüber nachdenken und Vorsorge treffen. Denn in pflanzlichen Lebensmitteln kommt Vitamin B12 nicht vor. Es sei denn, die pflanzlichen Lebensmittel wurden einem Reife- und Gärprozess unterzogen wie zum Beispiel das Braumalz. Eine mögliche Alternative wäre Bier. In Maßen versteht sich! Denn die Leber soll ja nicht mit dem Bieralkoholabbau beansprucht werden, sondern soll das Vitamin B12 aus dem Bier verwenden, um Toxine abzubauen. Ein maßvoller Biergenuss ersetzt zwar nicht die tägliche Zufuhr an B-Vitaminen, aber es bereichert. Da das Vitamin B12 stark hitzeempfindlich ist, findet man es kaum noch in aggressiv pasteurisierten Nahrungsmittel. Naturtrübe, schonend pasteurisierte Biere ist nicht jedermanns Sache. Aber vielleicht gelegentlich eine Alternative.

Als Shampoo stärkt Bier feines Haar und verleiht der Frisur mehr Fülle? Blödsinn, dachte ich! Ein Ammenmärchen und gut verkauft als Heilmittel aus Omas Zeiten. Und weil es aus Omas Zeiten stammt, musste diesmal Oma herhalten. Sie hat derzeit die dünnsten Haare in der Familie. Da Omas eitel sind, lassen sie sich, was Schönheit betrifft, auf alles ein. Wir vereinbarten einen Zeitraum von vier Wochen. Und das Ergebnis? Mehr Haare wurden es nicht, aber die Haarpracht sah optisch fülliger aus. Oma jedenfalls war zufrieden.
Ich wollte mehr wissen und ging der Frage nach dem „Warum?“ nach. Dabei stieß ich auf den Begriff „Panthenol“. Es ist das Provitamin B5 und besonders der Frauenwelt namentlich bekannt. Sofort durchsuchte ich meinen Kosmetikschrank und stellte alle von mir verwendeten Kosmetikartikel auf den Tisch. Dass dieser fast übervoll war, muss ich glaube nicht erwähnen. Sonnencreme,

Wundschutzcreme, Handcreme, Gesichtwasser, Reinigungsmilch, Peelinggel hatten alle den selben Inhaltsstoff, Panthenol. Es versorgt die Haut intensiv und langanhaltend mit Feuchtigkeit, schützt sie vor Austrocknung, lindert Reizungen und beruhigt die Haut. Ich gebe zu, dass ich bei der Auswahl der Hautkosmetika darauf achte, dass unter anderem Panthenol enthalten ist. Aber nur deshalb, weil es allgemein bekannt ist, dass Panthenol der Haut gut tut. So darf bei mir im Sommer das Panthenolspray gegen Sonnenbrand nicht fehlen.

Und meine Haarwäsche und Haarspülung? Diese Kosmetika kaufe ich nach Haargefühl. Beim Durchlesen der Inhaltsstoffe war ich allerdings überrascht. Auch diese enthielten Panthenol. Panthenol hydratisiert tiefenwirksam das Haar, so dass die Kämmbarkeit des Haares deutlich verbessert wird. Ebenso erzielt es schon nach kurzer Anwendungszeit gesund glänzendes Haar voller Fülle und Lebendigkeit. Dieses Provitamin wird erst in der Haut bzw. Haar in Pantothensäure, dem Vitamin B5, umgewandelt.

Und wo steckt Vitamin B5 drin? Ganz klar! Im Bier!

Ja, liebe Frauen, während wir einem vollen Koffer an Cremes und verschiedenen Wässerchen und Tübchen besitzen, dafür eine Menge Geld ausgeben, hat der Mann eine einfacherer Lösung: Er trinkt Bier! Hier sind uns die Männer einen wesentlichen Schritt voraus, wenn gleich auch unbewusst. Ist das vielleicht der Grund, weshalb Männer von innen schön sind und der Bierbauch manchmal eine untergeordnete Rolle spielt? Übrigens ist die Behauptung, dass man von Bier dick wird, falsch. Bier allein macht nicht dick. Aber, Bier regt den Appetit an. Wer sich nach einem übermäßigen Biergenuss nicht zügeln kann, den Kühlschrank fast rhythmisch öffnet und schließt, bekommt natürlich einen dicken Bauch.

Jedoch hatte ich vor nicht all zu langer Zeit einen wissenschaftlichen Bericht über Bier und dem Abnehmen gelesen. Darin ist nachgewiesen, dass man bei einem täglichen Konsum von einem Liter Bier pro Tag abnimmt! Frauen verlieren bei geringerem Biergenuss, also einem halben Liter Bier pro Tag, sogar noch mehr Gewicht, wenn sie ihre täglichen Fett- und Kohlenhydratkalorien durch einen weiteren halben Liter Bier ersetzt werden.

Mal ganz ehrlich, wer hat nicht schon unzählige Diäten gemacht mit dem bekannten Jojo-Effekt?! Selbstverständlich gehöre ich auch zu dieser Jojo-Gruppe. Also dachte ich mir, für dieses „Mit-Bier-Abnehm-Experiment" bin ich die geeignetste Person. Den Versuch startete ich, ohne es meinem Mann zu verraten. Er wunderte sich nur, dass seine Kiste Bier schneller leer wurde als zuvor. Ich tat Folgendes: Ein Drittel meiner Kalorienzufuhr ersetzte ich täglich durch 0,3 Liter Bier. Konkret war dies ein Marmeladenbrötchen zum Frühstück und eine Abendbrotschnitte mit Käse weniger. Damit konnte ich leben. Frauen, ich muss euch sagen: Es klappt! Nach vier Wochen waren es bereits zwei Kilo! Der zweite Monat stagnierte. Ich ließ mich aber nicht entmutigen! Im dritten Monat bewegte sich wieder der Zeiger auf meiner Waage. Nun sprang ich täglich morgens nach dem Aufstehen auf meine Waage, die ich sonst weiträumig umging. Über jedes Gramm war ich glücklich. Und all das, ohne zu hungern oder übermäßigen Sport zu treiben. Mein Lieblingsbier wurde zum flüssigen Brot mit Abnehmeffekt! Toll!

Viel diskutiert wird das Thema Bier und Schwangerschaft, Bier und stillende Mütter. Passt das überhaupt zusammen? Und ob! Auch wenn jetzt viele den Kopf schütteln! Biertrinken ist für stillende Mütter absolut empfehlenswert und zwar alkoholfreie Spezialbiere! Natürlich im Rahmen, heißt einen halben Liter auf den ganzen Tag verteilt! Die Malzinhaltsstoffe im Bier fördern die Milchbildung! Die Milchbildung hat also weder mit der Bierfarbe geschweige denn mit dem Alkoholgehalt im Bier zu tun! Ich selbst kenne noch von meiner Oma das alte Hausrezept, Malzbier oder Doppelkaramelbier zu trinken. Dieses empfahl sie mir nach

der Geburt unseres ersten Kindes, unserem Sohn. Sie versicherte mir, dass das Malzbier die Milchdrüsenfunktion anregt. Früher nannte man es auch „Mutterbier“ oder „Ammenbier“. Was soll ich euch sagen, Frauen? Es funktionierte ganz gut. In der gesamten Stillzeit war unser Sohn nie krank, immer satt und zufrieden. Vielleicht ist das auch der Grund, weshalb er den Beruf des Brauers und Mälzers erlernte? Habe ich ihm diese handwerkliche Fähigkeit, Bier zu brauen, mit in die Wiege gelegt beziehungsweise mit der Muttermilch eingeflösst?
Ich empfehle allen stillenden Müttern: Genießt zum Wohle eures eigenen Sprösslings täglich einen halben Liter alkoholfreies Bier nach eurem Geschmack! Euer Kind wird es euch mit leuchtenden Augen danken, wenn es die vollen, mit Milch gefüllten Brüste sieht!

„Wer Bier in Maßen genießt,
lebt länger!
Wer Bier genießen kann,
ist mit dem Leben zufriedener,
fühlt sich besser und
ist gesünder als Nicht- oder Vieltrinker!“ [19]

Dieses sagte Professor Hans Hoffmeister, ehemaliger Chef des Robert-Koch-Instituts. Na das klingt doch wie Musik in den Ohren! Aber, genau lesen! Er sagt „... Bier genießen...!“, nicht saufen. Die Untersuchungen ergaben, dass jemand, der geringe Mengen Alkohol am Tag zu sich nimmt, auch ein geringeres Sterblichkeitsrisiko hat als Abstinenzler! Bereits zehn Gramm Alkohol am Tag (das entspricht ca. ein viertel Liter Bier) lässt das Sterblichkeitsrisiko eines gesunden Mannes um zehn bis vierzig Prozent sinken. Die Studie besagt aber auch, dass schon fünfzig Gramm Alkohol am Tag, also mehr als ein Liter Bier, das gleiche Sterblichkeitsrisiko wie beim Abstinenzler vorliegt.

Und wie sieht es beim Thema Herzinfarkt aus? Ist kulturvolles Biergenießen eine Vorbeugemaßnahme? Eindeutig: Ja! Denn die Inhaltsstoffe des Bieres führen dazu, dass der Cholesterinspiegel ausgeglichen wird. Das gefäßschützende HDL-Cholesterin, auch „gute“ Cholesterin genannt, steigt und das „schlechte“ LDL-Cholesterin sinkt.

Ebenso hilft regelmäßiger Biergenuss dabei, dass weniger Pfropfen in der Blutbahn gebildet werden und beugt so gegen Thrombosen vor.

Aber, das ist ganz wichtig, wer mehr als einen Liter Bier am Tag trinkt, bewirkt das Gegenteil! Also bitte in Maßen genießen, nicht in Masse! Wenn ihr euch daran haltet, kann Bier auch beim Senken des Blutdrucks sehr hilfreich sein.

Schützt Bier uns gegen Krebs? Auch hier ein klares: Ja! Dieses beweist eine Studie der Universität Ulm, in der die Hauptursachen von Magenkrebs erforscht und dargestellt wurden. Die Forscher fanden heraus, dass die Wahrscheinlichkeit, sich mit dem Bakterium Heliobacter pylori als Hauptverursacher des Magenkrebses, zu infizieren, geringer war. Grund ist der Inhaltsstoff Xanthohumol, ein Polyphenol, welches aus dem Hopfen stammt. Dieser hemmt die Enzyme, welche bestimmte chemische Stoffe im Körper zu Krebserregern umwandeln.

Aber viel interessanter für uns Frauen ist das Thema der freien Radikale. Denn diese beschleunigen unseren Alterungsprozess in den Zellen und zaubern unerwünschte Falten. Hier sind im Bier die vorhanden Antioxidantien, insbesondere das Xanthohumol aus dem Hopfen, ein wahrer Künstler der Verjüngungskur. In jüngster Zeit wurde eine neue Hopfensorte gezüchtet, die einen extrem hohen Gehalt an Xanthohumol aufweist. Von den tschechischen Hopfensorten weist die Sorte Agnus mit 0,8 - 1,1 Gew. % in

TS, den höchsten Xanthohumolgehalt aus. Bei denen in der Hallertau angebauten Hopfensorten wären Perle, Nugget und vor allem der Taurus zu nennen.
Unlängst folgte ich der Einladung IGN GmbH zur Hopfentagung in Niederlauterbach und nutzte die Gelegenheit, mit den Hopfenbauern über die Bedeutung des Xanthohumols zu diskutieren. Sie bestätigten mir, dass derzeit der Taurus den höchsten Anteil davon besitzt. Weitere Hopfensorten mit hohen Xanthohumolgehalt werden übrigens schon gezüchtet. Ich bin gespannt, wann das erste schmackhafte Frauenbier mit den neu gezüchteten Hopfensorten auf den Markt kommt. Ich werde es auf jeden Fall verkosten.

Auch die Zuckerkrankheit (Diabetes mellitus) tritt bei Biertrinkern offenbar seltener auf. Der Grund: Der Körper kann das den Blutzucker senkende Hormon Insulin besser verwerten. Das zeigt eine Studie der Universität Cambridge. Britische Forscher stellten fest, dass moderater Alkoholkonsum den Blutzuckerspiegel gesunder Menschen senken kann. Scheint sich das Blatt jetzt zu wenden? Seit einigen Jahren weiß man, dass Alkohol die Sensitivität, also die Feinfühligkeit des Insulins, erhöht.
Der amerikanische Internist, Professor Mack Mitchell, belegt in seiner Studie, dass bei mäßiger Alkoholaufnahme nicht nur

das Risiko für eine Zuckerkrankheit um 39 Prozent gesenkt wird, sondern auch, dass die Wahrscheinlichkeit, an Alterszucker zu erkranken, zurückgeht. Ich betone jedoch, dass bei vermehrter Alkoholzufuhr die Wahrscheinlichkeit, an einer Zuckerkrankheit zu leiden, wieder ansteigt.

Ein weiteres wichtiges und viel diskutiertes Thema ist das der Osteoporose. Allein in Deutschland leiden rund acht Millionen Menschen am Knochenschwund. Der Anteil der Frauen beträgt ungefähr 80 Prozent. Liegt der geringere Prozentsatz an Männern, die an Osteoporose leiden, daran, weil sie öfters Bier trinken als Frauen? Nach meinen Recherchen vermute ich ein eindeutiges JA! Da Bier einen hohen Anteil an Silizium enthält, wirkt es wie Knochenzement. Mehrere Studien belegen, dass Silizium für die normale Entwicklung der Knochen, Nägel, Haare, Knorpeln und Bindegewebe sowie für deren gesundes Wachstum seine Bedeutung hat. Bereits beim Genuss von einem Liter Bier pro Tag nehmen wir 40 mg Silizium auf. Die empfohlene Tagesmenge beträgt 50 mg Silizium. Jetzt könnte man meinen, den Tagesbedarf von Silizium durch Tabletteneinnahme ebenso zu erzielen. Diese Vermutung wird in einer Studie von Professor Jonathan Powell vom King`s College widerlegt. Einer Gruppe von Testpersonen verabreichte er eine reine Siliziumlösung, der anderen Testpersonengruppe Bier. Sein Ergebnis: Die Siliziumwerte der Biergenuss-Testpersonengruppe waren nicht nur höher, sondern blieben auch länger auf höherem Niveau. Fazit: Biergenuss fördert die Siliziumaufnahme im Körper und senkt die Zahl der Knochenbrüche durch Osteoporose.

Ich kenne eine Vielzahl älterer Menschen, besonders Frauen, die kein Bier trinken. Als Grund geben sie ihre tägliche Tabletteneinnahme an. Nun ja, das ist wohl wichtig und richtig. Sie sollen die Tabletten auch nicht mit Bier einnehmen. Aber ein kleines Gläschen, verteilt auf den ganzen Tag, dürfte nicht schädlich sein. Im Gegenteil. Ich bin von der positiven Wirkung des Bieres überzeugt.
Mit zunehmendem Alter wird unsere Magen-Darm-Tätigkeit träger, dessen Ergebnis ein unregelmäßiger Stuhlgang ist. Schon ein kleines Glas Bier kann Abhilfe schaffen, denn Bier reguliert die Verdauung. Der Grund hierfür ist, dass das Korn, also die Gerste, während des gesamten Brauprozesses komplett, also zu 100 %, aufgeschlossen wird. Alle Korninhaltsstoffe sind für den Dünndarm so aufbereitet, dass diese in vollständiger Form aufgenommen werden können. Man könnte auch sagen, es ist vorverdaut. Niemand kaut in

der heutigen hektischen Zeit 32 mal seine Nahrung, speichelt sie ordentlich ein, so dass diese für den nachfolgenden Verdauungsprozess gut vorbereitet ist. Wissenschaftler hatten nachgewiesen, dass wir beim Vollkornbrot nur rund 70 Prozent der Inhaltsstoffe aufschließen können. Das heißt, fast 30 Prozent geht verloren.

Auch der Hopfenanteil im Bier sollte gerade bei älteren Menschen nicht unterschätzt werden. Der Bitterhopfen regt den Appetit an, wirkt im Körper desinfizierend und beruhigt die Nerven. Ein angenehmer Tiefschlaf ist garantiert. Ich kenne viele nachtaktive ältere Herrschaften, die sehr an der Schlaflosigkeit leiden.

Mein Tipp: Keine Schlaftabletten, versucht es mit einem kleinen Gläschen gut gehopftem Bier am Abend!

Viele Frauen sind keine Biertrinker und verfluchen ihren Mann, wenn dieser abends beim Fernsehen seine Lieblingsflasche Bier trinkt. Selbst Ärzte heben die Hände, wenn es um das Thema Alkohol geht. Nachfolgende Szene ist sicher so einigen bekannt und zeigt leider das schlechte Image des Bieres in unserer deutschen Gesellschaft. Man könnte es auch als „Alltagsproblem des deutschen Biertrinkers“ bezeichnen.

Zwei Patienten sind beim Arzt zur Routineuntersuchung. Der eine Patient ist bekennender Biergenießer, der andere Patient ist Weintrinker.

Arztgespräch mit dem bekennenden Biergenießer:

Arzt:	Wie geht es Ihnen?
Patient:	Danke, gut. Ich wollte mich einfach nur mal checken lassen. Reine Routineuntersuchung!
Arzt:	Rauchen Sie?
Patient:	Nein!
Arzt:	Trinken Sie Alkohol
Patient:	Ja!
Arzt:	Was trinken Sie?
Patient:	Bier!
Arzt:	Wie viel am Tag?
Patient:	Ein Liter am Abend!
Arzt <u>denkt</u>:	Also Alkoholiker! Suffkopp! Problemfall!

Arztgespräch mit Weintrinker:

Arzt: Wie geht es Ihnen?
Patient: Danke, gut. Ich wollte mich einfach nur mal checken lassen. Reine Routineuntersuchung!
Arzt: Rauchen Sie?
Patient: Nein!
Arzt: Trinken Sie Alkohol?
Patient: Ja!
Arzt: Was trinken Sie?
Patient: Wein!
Arzt: Wie viel am Tag?
Patient: Einen Liter am Abend!
Arzt sagt: Oh, ein Gourmet! Welche Sorte bevorzugen Sie denn?

Na, kommt einem das nicht irgendwie bekannt vor?

Nun vergleichen wir mal den durchschnittlichen Alkoholgehalt einer Wein- mit einer Bierflasche. Wein hat im Durchschnitt 11% Alkohol. Und eine Flasche Bier? Wer von euch Frauen weiß es? Hände hoch! Aha, sind aber nicht viele, die es wissen! Bier hat 4 % Alkohol! Wer von beiden ist denn jetzt der Alkoholiker? So, meine liebe Frauen! Und ab heute kein meckern mehr, wenn der Mann sein Liter Bier am Tag trinkt, ok?!

Über die Leber werden der Alkohol und andere wasserlösliche Gifte zum größten Teil abgebaut. Doch hat sich jemand schon einmal Gedanken gemacht, warum wir eine Leber haben? Wusste Gott, als er Adam und Eva erschuf, dass wir zukünftig Alkohol trinken? Hat er uns deshalb die Leber mit eingebaut? Ganz sicher nicht! Wo liegt der evolutionäre Grund für die „Erschaffung“ Leber? Die Gründe liegen in der Natur der Sache. In vielen gesunden Lebensmitteln wie Brot, Bananen oder Traubensaft kommt der Alkohol ganz natürlich vor. Diese aufgenommene Alkoholmenge ist natürlich gering. Aber es ist Alkohol und muss von der Leber abgebaut werden. Kurzum, ohne alkoholische Gärung in unserem Körper würden wir nicht leben können. Bereits im frischen Obst findet die alkoholische Gärung statt. Prof. D. Joseph Keul von der Albert-Ludwigs-Universität Freiburg wies nach, dass der menschliche Körper durch den Stoffwechselprozess selbst eine gewisse Menge an Alkohol produziert. In vollreifen Bananen zum Beispiel befinden sich 6 Gramm Alkohol pro Kilo. Auch Obstsäfte enthalten bis zu drei Gramm Alkohol pro Liter! Traubensaft schafft es sogar auf bis zu zehn Gramm Alkohol pro Liter. Selbst normales Mischbrot enthält pro Kilo circa zwei bis vier Gramm Alkohol, hervorgerufen durch die Teiglockerung mit Hefen.

Betrachten wir uns diese Aussage anhand seiner konkreter Zahlen.

Die Einnahme von 0,4 Liter Bier bewirkt eine Blutalkoholkonzentration von circa 0,3 Promille. Damit sind wir laut Gesetz noch fahrtüchtig. Die gleiche Promillenzahl wird aber auch erreicht, wenn man 3,75 Liter Traubensaft oder 7,5 Liter Apfelsaft oder 3,0 Kilogramm Sauerkraut oder 2,5 Kilogramm Bananen oder 7,5 Kilogramm Weißbrot oder 15 Liter Grapefruit zu sich nimmt.

Ich denke, dass man das Thema Alkohol viel nüchterner und mit Sachverstand betrachten sollte. Sicherlich kann man über das Für und Wider des Alkohols stundenlang diskutieren. Doch es steht wohl außer Frage, dass immer die aufgenommene Menge entscheidend ist. Keiner von uns kann behaupten, dass er ohne Alkohol lebt. Selbst in gesunden Lebensmitteln befinden sich geringe Mengen davon. Da unser Körper so ausgelegt ist, dass beim Stoffwechselprozess Alkohol entsteht, welcher durch die Leber abgebaut wird, ist Alkohol nicht grundsätzlich zu verteufeln. Ohne ablaufende Stoffwechselprozesse würden wir gar nicht leben. Fazit, es gibt keinen alkoholfreien Körper! Das liegt schon in der Natur der Sache! Alkohol ist keine Erfindung der Bierbrauer oder Winzer. Wie ich eben erwähnte, enthalten selbst natürliche Lebensmittel, wie Obst, Fleisch und Brot, Alkohol. Dieser schwankt zwischen 0,2 bis 0,3 % Alkohol. Früchte und sogar Fruchtsäfte enthalten sogar bis zu 1,0 % Alkohol. Jetzt stellt sich mir die Frage: Wie gefährlich ist eine reine Obstdiät? Warum schlagen hier nicht die Alkoholgegner Alarm?

Im Verlaufe der Evolution hat sich der menschliche Körper auf den Alkoholgehalt in Nahrungsmitteln eingestellt. In unserem Magen spielt sich täglich die sogenannte Alkohol-Dehydrogenase ab. Der Alkohol wird von diesem Enzym zu Wasser und Kohlendioxid abgebaut. Somit gelangt der Alkohol nicht in unser Blut und kann seine Nebenwirkungen keinen freien Lauf lassen. Fazit, sowohl vom Brot als auch vom alkoholfreien Bier, welches bis zu 0,5 % Alkohol enthält, wird man nicht betrunken. Erst mit Zunahme der Alkoholkonzentration ist unsere Alkohol-Dehydrogenase total überfordert. Wird der Alkohol schneller aufgenommen als er abgebaut werden kann, gelangt der nichtabgebaute Alkohol in unser Blut. Dessen Nebenwirkungen hat ein jeder schon erfahren. Da bin ich mir ganz sicher.

Ich selbst beobachte bei so manchen nicht nur die Nebenwirkungen des Alkohols, sondern auch die sich daraus ergebenen Auswirkungen.

An einem Freitag beschloss ich, die Neben- und Auswirkungen des übermäßigen Biergenusses in meinem persönlichen Umfeld für immer zu beenden.

Endlich ist Freitag! Der Feierabend ist da! Noch schnell den Wochenendeinkauf und ab nach Hause. Die Vorfreude auf den gemeinsamen Abend mit dem Mann wächst. Es gibt so viel zu erzählen, da die Woche wieder mal ereignisreich war. Doch die böse Überraschung überrollt mich schon beim Auspacken des Wochenendeinkaufes. „*Schatz*", sagt mein Mann. „*Heute Abend ist Männerabend. Ich bin spätestens um zehn zurück. Ist doch ok, oder?!*" Natürlich ist es nicht ok! Böse Erinnerungen werden wach. Beim letzten Mal war es früh halb zwei. Da er das Schlüsselloch nicht fand und dabei laut fluchte, wurde ich wach! Eine Frau, die beim Schlaf gestört wird, ist unberechenbar. Diese Situation ist für den Mann lebensgefährlich! Rattendicht stand er vor mir. Am nächsten

Tag war er noch nicht ansprechbar und verschlief fast den ganzen Samstag. Tolles Wochenende!

Ich fühle den Puls an meinen Hals. Mit jedem Schlag wächst er an und mit ihr die Wut. Meine Augen werden schmaler und die Luft atme ich hörbar durch die Nase ein. Mit gesteigerter Energie packe ich die Lebensmittel in den Kühlschrank. Zufällig fällt mir die Kühlschranktür aus der Hand, sodass es knallt. *„Ist was?“* , fragt er mit unschuldiger Mine. *„Nichts!“* , antworte ich kurz. Wenn eine Frau „Nichts“ sagt, dann verbergen sich dahinter mehr als tausend Worte, die ein Mann nicht wirklich hören will! Schulterzuckend nimmt er seine Jacke und geht. Der Freitagabend ist für mich gelaufen! Na super! Da sitze ich wieder allein zuhause mit Hund und sehe fern. Ich nehme mir ein Bier, aus Gnatz sein Lieblingsbier, welches ich extra für ihn gekauft hatte, dazu das passende Bierglas und genieße es schmollend auf der Couch. Dabei kommt mir die beste Idee, die ich je in meinem Leben hatte. Ich wusste, dass sich irgendwann die Szene wiederholen würde. Aber diesmal ändere ich das Drehbuch und ich führe Regie.
Ich schloss ein Pakt mit dem Bier!

Es dauerte auch nicht lange, und wieder einmal stand das Thema „Männerabend“ zur Disposition. *„Klar, Schatz! Geh* *ruhig! Viel Spaß heute Abend!*", ist diesmal, in Lauerposition, meine Reaktion. Wie ich es erwartet hatte, dreht er sich beim Gehen nochmals um und fragt ungläubig nach: *„Ist es wirklich ok?" „Ja, ja!"*, gebe ich schnell zurück. *„Alles super! Geh nur!"* Er bleibt an der Hoftür stehen und zögert eine kurze Sekunde. In diesem Moment denke ich: „Er will doch wohl jetzt nicht meinen Plan durchkreuzen?!" Dann geht er und ich atme auf.

In dem Moment, in dem er die Hoftür schließt, gehe ich zu meiner lieben Nachbarin, Tante Traude. In meinem Körbchen sind eine Schachtel Pralinen, zwei Kelche und eine Flasche „Cuvèe du Chateau". Liebe Frauen, wenn ihr jetzt glaubt, es sei ein Champagner, Sekt oder Wein, dann irrt ihr. Es ist ein Bier, ein Spitzenbier, sag ich euch! Nämlich ein obergäriges belgisches Ale, abgefüllt in einer Sektflasche. Meine Nachbarin lasse ich in den Glauben, es sei Sekt. Dass es Bier ist, darauf wäre sie nie gekommen. Genüsslich fülle ich beide Kelche. Nach dem ersten Schluck sehe ich sie an. Sie nickt anerkennend. *„Schmeckt gut!"*, ist ihr Urteil. In der Tat. Das klare, dunkelbraune Bier hat einen süßen Geschmack und erinnert an dunkle Früchte, fast schon an Fruchtkaugummi. Die Kohlensäure prickelt angenehm auf der Zunge. Ich hatte gelesen, dass man diesen Bierstyle nicht aus einem Humpen oder gewöhnlichen Bierglas trinken soll, sondern aus einem Kelch.

Den Grundgeschmack „süß“ nehmen wir mit der Zungenspitze wahr. Nur eine Kelchform ermöglicht es, dass man beim Antrunk, also beim ersten Schluck, die leichte Süße des Bieres spürt. Der Abgang, also das Hinterschlucken, hinterlässt in meiner Kehle ein leichtes, angenehm warmes Gefühl. Dieses ist übrigens das typische Kennzeichen für einen höheren Alkoholgehalt im Bier. Nebenbei naschen wir Pralinen, ihre Lieblingspralinen. Der zartbittere Schokoladengeschmack, kombiniert mit diesem Bier , entfacht einen Karneval auf der Zunge, welches ich nicht anders beschreiben kann. Unglaublich!

Am nächsten Morgen sitzt mein Mann am Frühstückstisch - schweigend. *„Ist was?“*, frage ich ihn diesmal. *„Nö!“*, kam knapp zurück. Nach einer kurzen Pause hielt er nicht mehr an sich. Auf das, was jetzt kommt, war ich vorbereitet. Denn ich hatte ja das Drehbuch geschrieben! *„Was hast du denn da gestern Abend getrunken?“* Jetzt kommt mein Bühnenauftritt! Meine Premiere sozusagen! In den schönsten Tönen beschreibe ich meinen gestrigen Abend bei diesem süffigen Bier, kombiniert mit Zartbitterschokolade. Ich schwärme so sehr, dass ihm schon beim Zuhören das Wasser im Munde zusammenläuft. *„Hast du davon noch eine Flasche stehen?“*, fragt er neugierig nach.

„Nein, es ist ein Gourmetbier und hat seinen Preis! Es ist ein Bier zum Genießen, nicht zum Besaufen! Aber du kannst noch mal dran riechen und deine Nasensensoren aktivieren. Vielleicht ist auch noch ein klitzekleines Tröpfchen für dich drin!", sage ich mit leicht ironischem Unterton. Ich fühle seine Enttäuschung und verbuche für mich den ersten Sieg! Mein inneres Ich jubelt vor Schadenfreude!

Und dann geschah das, worauf ich gehofft, aber nicht damit gerechnet hatte. Der nächste Männerabend nahte und ich kaufte eine Flasche „Arrique", ein Barleywein.

Meinen Wochenendeinkauf packe ich so aus, dass er diese Bierflasche sehen muss. Nach einer kurzen Unterhaltung mit mir verlässt er, das Handy versteckt in der Hosentasche, das Haus und geht in Richtung Garten. Ich lasse eine kurze Zeit vergehen und schleiche auf leisen Sohlen hinterher. Er telefoniert in Flüsterton mit seinem Kumpel. Das letzte, was ich hören kann, war: *„Wie gesagt, heute komme ich nicht. Meiner Frau geht es nicht ganz so gut!"* Da lügt doch einer wie gedruckt! Ein breites Grinsen macht sich auf meinem Gesicht breit, während ich ebenso leise auf Zehenspitzen wieder zurück ins

Haus schleiche. Mein Gott, kann er schlecht schwindeln, denke ich bei mir. Plötzlich steht er hinter mir und sagt: „*Du, Schatz, ich gehe heute nicht zu meinen Kumpels. Wollen wir beide heute Abend nicht die Flasche `Arrique` gemeinsam trinken?*“

„Schuss, Treffer, Sieg!“, triumphierte ich. Ich hatte den Kampf ums Bier gewonnen!
Jetzt konnte ich das Drehbuch schließen und den Regiestuhl beiseite stellen! Ich schlug ihn tatsächlich mit seiner eigenen Waffe - dem Bier!

So emotionslos wie möglich und Schulter zuckend gebe ich als Antwort zurück: „*Meinst du? Und dein Männerabend heute?*“ Er schüttelt nur den Kopf.

Ja, liebe Frauen, wir verbrachten einen wunderschönen Abend, bei einem außergewöhnlichen Gourmetbier und angenehmen Gesprächen, aus denen viele neue Ideen entsprangen. Eine davon sind Biergourmetabende mit seinen Kumpels. Und diese in gepflegter Form mit entsprechendem Biergenuss.

So kam ich zum Thema Bier! Ich fand so unglaubliche Sachen über Bier heraus, die ich - besonders den Frauen - unbedingt mitteilen muss, damit ihr eure bierliebhabenden Männer endlich versteht und auch für euch selbst endlich mal etwas Gutes tut.

Es ist der Zeitpunkt gekommen, dass sich „Frau mit Bier“ beschäftigt!

Tage später treffe ich in der Kaufhalle Annett. „*Du, sag mal, die letzten Männerabende liefen anders als sonst. Thomas ist jetzt immer pünktlich zu Hause und schwärmt von den Abenden. Dein Mann auch?*“ Ich muss grinsen. „*Na klar. Und ich weiß auch warum!*“ Hektisch fährt sie den Einkaufskorb beiseite. „*Erzähle! Los!*“ Kopfschüttelnd sage ich zu ihr: „*Weißt du was, diesen Freitag machen wir vier Frauen einen Frauenabend. Ich organisiere ihn und dann erzähle ich alles, ok?!*“ Ein trauriger und enttäuschter Blick, aber sie willigt ein. Jetzt liegt es an mir, ob es ein gelungener Abend werden wird.

Meinem Mann erzähle ich von der Idee, einen Biergourmetabend mit meinen Freundinnen zu organisieren. Er ist davon so begeistert, dass er seine Hilfe bei der Vorbereitung anbietet. Zuerst schreiben wir eine Biereinkaufsliste, danach die Liste für das dazu passende

Essen. Auf der Bierliste stehen nur Biere, von denen ich überzeugt bin, dass es der Damenwelt auch schmeckt. Ich bin total aufgeregt, weil ich nicht weiß, wie ein Biergourmetabend bei den Frauen ankommt.

Unsere Vorbereitungen laufen auf Hochtouren. Das Dessert ist fertig, die Vorspeise in Arbeit. Das Hauptgericht gart im Backofen. Auf unserem Tisch stehen für jede Dame drei verschiedene Biergläser. Deren Anordnung richtet sich nach dem vorbereiteten Gourmetessen.

Es klingelt. Am lustigen Gegagger höre ich, dass es die Frauen - Annett, Conni und Susanne- sind. Lächelnd nicke ich meinem Mann zu. Das ist das Zeichen für ihn, die vier Biergläser, die separat auf einem Tablett stehen, mit Pils zu füllen.

Ich öffne die Tür und das Gegagger wird noch lauter. Ein Trubel, eine Hektik und herzliche Umarmungen an der Tür! So sind sie eben - die Frauen.

Ich führe alle in meine Küche. Der Küchentisch ist liebevoll gedeckt mit Kerzen und gefalteten Servietten. Nach einigen Mühen sitzen sie nun endlich am Tisch und sind still. Die stummen Blicke verraten mir, dass sie nicht wissen, was mit ihnen heute hier passiert. Ich gebe jeder ein Glas Bier in die Hand, welches mein Mann vorbereitet hat, hebe es in Schulterhöhe hoch und sage: *„Auf unsere Männer und dem Bier! Prost!"* Etwas zögerlich, unsicher, was hier geschieht, prosten sie zurück. Jede trinkt einen Schluck und sieht mich fragend an. Es ist so still im Raum, dass man die eigene Zellteilung hören kann. Diese Stille genieße ich noch einige Sekunden und beginne dann mit meinem Statement:

„Es ist an der Zeit, dass wir Frauen uns dem Thema Bier wieder etwas stärker zuwenden. Als ältestes Kulturgetränk der Menschheit, von Frauenhänden erschaffen, war Bier von Anbeginn ein Nahrungsmittel. Heute zählt es zu den Genussmitteln, welches viele falsch verstehen. Genussmittel heißt nicht, dass man es in sich reinschüttet ohne Sinn und Verstand. Sondern es heißt ... Genuss, also genießen. Unser Frust gegenüber dem Bier - obwohl dieses dafür unschuldig ist - rührt doch nur daher, weil wir einen betrunkenen Mann einfach eklig, stinkend und widerlich finden. Ebenso dessen Verhaltensweisen in diesem Zustand. Bier ist für uns oftmals gleich Pils. Viele Frauen mögen kein Bier, weil es zu herb und für den weiblichen Gaumen nicht zu ertragen ist. Wir lieben das Süße, das Liebliche! Ich möchte, dass ihr heute eine andere Seite des Bieres kennen lernt. Dafür habe ich Bierstyles ausgesucht, bei denen ich denke, dass für jede von euch mindestens ein Geschmack dabei ist. In dem Glas, aus dem ihr gerade trinkt, befindet sich ein Pils. Pils ist gut gehopft und schmeckt daher etwas bitter. Diese Bittere,

hervorgerufen durch den Hopfen, stimuliert die Magensäfte und regt den Appetit an. Diesen Bierstyle trinkt man aus einem Tulpenglas. Der Grund dafür ist, dass wir die Bittere mit dem Zungengrund, also im hinteren Teil der Zunge wahrnehmen. Dafür ist die tulpenartige Form des Bierglases besonders geeignet. Es ist übrigens ein alkoholfreies Pils, welches ihr gerade trinkt." Ich nehme einen Schluck und ergänze auf unsere fußballliebenden Männer anspielend: *Und Jogi Löw auch!*" Nun beobachte ich, wie jetzt jede in ihr Glas schaut, nochmals einen Schluck trinkt und anerkennend nickt. „*Das hätte ich nicht gedacht!*", ist die erste Reaktion von Annett. „*Es schmeckt gar nicht schlecht. Wenn es als Einstieg zum Essen dienen soll, dann bin ich ja gespannt, was du uns anbieten wirst.*" In diesen Moment kommt mein Mann und serviert uns die Vorspeise - eine Biersuppe. Das Rezept habe ich von meiner lieben Nachbarin Traude. Sie erzählte mir vor kurzem, dass sie als Kind oft Biersuppe gegessen hat. Ihre Mutter bereitete es nach dem Zweiten Weltkrieg aus dem Bier der regionalen Brauerei zu. Es ist eine nahrhafte Suppe, die warm gereicht, ein wahrer Genuss ist. „*Eindeutig spitze!*", ist die Bemerkung von Conni nach dem ersten Löffel. Dabei wedelt sie mit ihrem Löffel in der Luft. Das ist ein super tolles Kompliment. Conni ist unter uns Frauen der kleine Mäkel. Sie isst nicht alles und kann ein Gericht, welches ihr nicht schmeckt, auch in einer sehr ruppigen Art und Weise dem Kellner zurückgeben. Die anderen Frauen stimmen ihr zu. Mein erster Essengang ist gelungen. Während wir den kleinen Teller Biersuppe auslöffeln, wird erzählt und das erste Bierglas geleert. Geschmacklich passt das von mir ausgewählte Pils hervorragend mit der Biersuppe zusammen.

Das Hauptgericht im Backofen - Perlhuhn in Orangensoße - ist fertig und die Kartoffeln im Topf gar. Dazu reiche ich den Frauen ein „Troubador“. Es enthält 9% Alkohol und würde zu einem rustikalem Grillabend ebenso gut passen. *„Bevor ihr trinkt, riecht bitte und sagt mir, welchen Geruch ihr wahrnehm!“*, *fordere ich sie auf*. *„Passionsfrucht!“* , ist die erste Reaktion von Conni. *„Also ich finde, es riecht nach Honigmelone!“* , meint Annett. Jetzt nehmen wir zeitgleich den ersten Schluck. Den Abgang empfinden wir alle als sehr warm. Ist ja auch klar! Immerhin hat es 9 % Alkohol! Susanne findet die ersten Worte: *„Ich würde sagen, dass das Bier einen kräftig herben Grapefruitgeschmack hat. Der Geschmack liegt bei mir noch lange auf der Zunge. Ich finde, dass es besser riecht als es schmeckt.“*, und schnalzt dabei mit der Zunge. Diese Meinung teilen nicht alle von uns. Ich selbst fand es fantastisch. Doch bei einem sind wir uns alle einig: Zum Hauptgericht passt es geschmacklich exzellent! *„Ich habe euch noch eine weitere Alternative zum Hauptgericht mitgebracht.“*, sage ich und stelle wortlos die Flasche auf den Tisch. Plötzlich fängt unsere schüchterne Susanne an, laut zu lachen. *„Das Bier heißt Wipprator?“*, ruft sie, sich kaum vor Lachen haltend, aus. *„Wie jetzt? Es heißt wie ein Dildo?“*, fragt Annett ungläubig nach und fordert: *„Zeig her!“* Sie sieht auf den Namen und schmunzelt: *„Mensch, das wird doch mit W und doppel p geschrieben! Was du wieder denkst! In Gedanken immer bei deinem Mann, was?!“* Conni beobachtet die Szene und meint triumphierend: *„Mädels, das ist DER Party-Gag! Da kommen wir ganz groß raus!“* Nun rätseln alle am Tisch, weshalb das Bier wohl so heißen mag. Ich höre ihren Vermutungen zu, die alle samt interessant und lustig sind, aber den Kern nicht treffen. *„Mädels“*, sage ich, *„seid mal kurz still!“* Aber sie sind so intensiv und lebhaft (Männer würden sagen „laut“) in ihren Diskussionen vertieft, dass sie meine Aufforderung akustisch nicht wahr nehmen. Also wiederhole ich diese um einige Dezibel lauter: *„Mädels, seid mal kurz still!“* Jetzt hatten sie mich vernommen, hören ruckartig auf zu schwatzen und waren tatsächlich still. Ihre Blicke richten sich nun auf mich. *„Bevor ihr weiter rätselt und die fantasievollsten Vermutungen möglicherweise als wahr erklärt, gebe ich euch die Antwort darauf.“* Ich mache eine kurze Pause, um die Spannung zu erhöhen. Erst als ich sicher bin, dass sie sich wieder konzentrieren, fahre ich fort: *„Zu Zeiten des mittelalterlichen Fastens fiel das Bockbier bei den Klostermönchen nicht unter den Fastenregeln. Bockbier ist sehr kalorienhaltig und damit sättigend und kräftigend. Beim Doppelbock, wie unsere Flasche Bier hier, wird die Stammwürze des Bockbieres nochmals angehoben. Es ist demnach noch stärker und sättigender als* *das Bockbier selbst. Daher der Name `Doppelbock`!“* *„Und was hat das mit dem Namen `Wippator` zu tun?“*, fragt Conni ungeduldig. *„Sei still, sie ist doch noch nicht fertig!“* warf Annett kurz ein. Nun muss selbst ich grinsen. Ich hatte ihre Neugier und ihr Interesse am Bier geweckt. Sie sitzen alle samt da wie die Mäuschen und hören gespannt weiter zu. *„Starkbiere, wie der Doppelbock, enden in der Regel mit der Nachsilbe `-ator`. Als Beispiel wäre zu nennen `Culminator` oder `Salvator`. Da dieses Bier“*, und zeige auf die Flasche, *„aus Wippra kommt, ...“* *„... heißt es Wipprator!“*, vollendet die ungeduldige Conni meine Satz und lacht so herzhaft, dass wir alle mit einstimmen. Mein Mann steht abseits vom Geschehen. Doch aus den Augenwinkel kann ich sein grinsendes Kopfschütteln wahrnehmen. Ihm scheint unser Frauen-Bier-Gourmetabend sichtlich zu amüsieren.

„Von deinem vielen Geschwatze ist meine Kehle ganz trocken geworden! Nun gib uns endlich einen Schluck vom `Wipprator`!“ fordert Conni ungeduldig auf. *„Moment! Glaswechsel! Starkbiere mit kräftigen Körper trinkt man immer aus Cognacschwenkern.“* erwidere ich, während ich die Cognacgläser aus dem Schrank hole.

Ich beobachte die Reaktionen meiner Freundinnen nachdem sie den ersten Schluck vom `Wipprator` genommen hatten. An ihren Gesichtern kann ich erkennen, dass sie nach Worten suchen, um dieses Bier exakt beschreiben zu können. *„Ich finde, es ist nicht allzu süß und kräftig im Geschmack.“*, ist das erste

Urteil von Susanne. Diesem stimmen alle zu. Annett ergänzt: *„Im Abgang ist es malzig, aber nicht unangenehm. Es bleibt nicht auf der Zunge liegen. Ein gelungenes Bier, oder?!“* Conni nickt und meint: *„Der Abgang ist warm, ähnlich dem `Troubador`, würde ich sagen.“* Mit ihrer Einschätzung liegt sie nicht falsch. *„Findet ihr, dass beide Biere zum Hauptgericht geschmacklich passen?“*, frage ich. Alle nicken. *„Interessant! Beide Biere haben 9 % Alkohol. Während der `Troubador` ein obergäriges Bier ist, ist der `Wipprator` ein untergäriges Bier. Es sind zwei unterschiedliche Gärverfahren, aber beide Biere von vorzüglichem Geschmack. In der Beurteilung von Bieren werdet ihr mit zunehmender Wangenröte immer besser!“* ergänze ich leicht lächelnd.

Als Dessert gibt es Himbeertorte mit Vanillepudding und einer Kugel Vanilleeis. *„Wie jetzt? Dazu gibt es keinen heißen Kaffee?“*, fragt Conni verdutzt, als ich die nächsten Gläser Bier reiche. *„Nein! Dazu trinken wir einen `Meantime Porter´ aus England mit 6,5 % Alkohol, ein Chocolate Porter!“* Die Blicke wandern wortlos hin und her. *„Ich fasse es nicht! Zum Kuchen gibst du uns ein Bier?“* Susanne war völlig entsetzt. *„Also das ist für mich das erste Mal im Leben, dass ich zum Kuchen Bier trinke! Da bin ich ja mal gespannt!“*, unterbricht Annett die Stille. Sie übernimmt kurzerhand die Regie. *„Wir machen es so, wie wir es vorher auch gemacht haben. Erst riechen!“* Jede schnuppert am Glas, schwenkt es, riecht wieder. *„Es riecht zumindest nach*

Kaffee.", stellt Conni fest und fordert uns alle auf : „*Na dann Prost!*"

Der Antrunk des dunkelrotbraunen Bieres mit beigefarbenem Schaum ist angenehm trocken. Es prickelt leicht auf der Zunge, der Kaffee - und Kakaobohnengeschmack ist deutlich zu spüren. Der Abgang ist herb verbunden mit einer angenehmen Bittere von Hopfen und Kakao. Man empfindet auf der Zunge keinen Nachgeschmack von Malz. Das besondere am „Meantime Porter" ist, dass ihm zusätzlich Bitterschokolade zugesetzt wird. Sein stilvolles Aroma von dunkler Schokolade mit angenehmer Süße lässt den Trinkgenuss zu einem wahren Erlebnis werden.

„*Boah, ihr müsst mal ein Stück Kuchen mit dem Bier im Mund zusammen nehmen. Das ist ein Wahnsinnsgeschmack! Man hat das Gefühl, dass der Kuchen den Geschmack des Bieres noch verstärkt! Ein Fest für jede Geschmacksknospe!*" Conni ist begeistert. Wir anderen tun es ihr gleich und müssen feststellen, dass ein „Meantime Porter" zum Kuchen etwas außergewöhnliches ist. Ich selbst bin von der Reaktion der Frauen so überrascht, dass ich meinen Mann anerkennend zu zwinkere. Bis jetzt läuft alles super. Zwei Biere habe ich noch, die ich unbedingt noch verkosten möchte.

„Und jetzt habe ich für euch einen Exoten. Erst riechen, dann trinken!“ ist meine Anweisung zum nächsten Bier. *„Stinkekäsefüße!“ „Nasse Pferdedecke!“ „Feuchtes Leder!“* Viele Frauen, viele Meinungen! Jede empfindet einen anderen Geruch. Aber keine will zuerst trinken. Sie ahnen bereits, dass es anders ist. An ihren Gesichtern kann ich es gut erkennen. Conni ist die Mutigste von uns und trinkt den ersten Schluck. Ihre Lippen und Augen werden schmal. Dann schüttelt sie sich und zeigt uns ihren Unterarm: *„Guckt mal, Haut von Gans!“* Ihre dünnen Härchen stehen senkrecht. Alle! Nicht eines blieb auf der Haut liegen. Jetzt trinken auch wir den ersten Schluck, verziehen das Gesicht, zeigen uns gegenseitig die Unterarme und müssen lachen. Auch unsere Härchen stehen senkrecht nach oben! *„Was ist das denn?“*, fragt Susanne. *„Naja, ein Exot! Sagte ich ja. Es mag nicht jeder. Also dachte ich mir, ich biete es euch mal an. Immerhin seid ihr heute hier, weil ich euch mal die geschmackliche Vielfalt der Biere der Welt präsentieren will. Das eben getrunkene Bier hat 7 % Alkohol und schmeckt meiner Meinung nach wie Brottrunk. Andere meinen wieder es schmeckt nach Champagner. Es ist eben Empfindungssache.* Ich halte kurz inne, um die Reaktion der Frauen abzuwarten. Sie sehen mich immer noch ungläubig an. Also fahre ich fort: *„In jedem Land gibt es Spezialitäten. Für deren Geschmack und dessen Akzeptanz muss man bereit sein und offen gegenüber stehen. Wenn man Urlaub in Frankreich macht, erwartet man ja auch keinen spanischen*

Sangria oder griechischen Ouzo." An dem nachdenklichen, aber zustimmenden Nicken erkenne ich, dass meine Freundinnen es verstanden hatten.

„Das jedenfalls", und zeige auf das Bier, *„war eine Geuze. Wenn ihr es mit einem Stückchen Schafskäse esst, ist es für den weiblichen Gaumen angenehmer."* Jetzt greift jede schnell zum Käsespießer. In der Tat, mit Schafskäse ist die Geuze für uns Frauen trinkbar. Das Besondere an der Geuze ist, dass sie so richtig sauer schmeckt. Die Geuze ist eine belgische Bierspezialität und einzigartig in Belgien. Es entsteht durch Spontangärung mittels wilder Hefe. Somit kann man es weder den ober- noch eindeutig den untergärigen Bieren zuordnen. Mein Sohn trinkt diese sehr gern. Ebenso ist er Fan von der Berliner Weiße. Es ist ein sehr helles Bier mit schlankem Körper. Seine sehr spritzige und saure Note ist der Grund, weshalb man es mit einem roten oder grünen „Schuss" trinkt, das heißt mit Himbeer- oder Waldmeistersirup.

Bezüglich der Geuze waren wir Frauen uns im Urteil einig: zu sauer! Ja was wollen wir Frauen denn für ein Bier? Ich verrate es euch, Männer. Es muss wenig Alkohol enthalten und die Bittere mit mehreren Aromahopfen ummantelt sein. Frauen legen viel mehr Wert auf Restsüße. Es sollte gesund, kalorienreduziert und in kleineren Gebinden erhältlich sein. Dazu wünschen wir uns natürlich das passende Glas.

„Zum Abschluss des heutigen Abends habe ich für euch - was den Gaumen betrifft - ein frauenfreundliches Bier.“ Dazu stelle ich Camembertkäsespießer und Honig auf den Tisch. *„Na, wenn du schon wieder mit Käse kommst, dann kann es nicht gut sein. Die Geuze liegt mir immer noch auf der Zunge. Mein Gott war das sauer!“*, sagt Conni kopfschüttelnd. *„Lasst euch überraschen! Erst riechen, dann trinken!“* Jetzt riecht jeder von uns am Glas. Ich beobachte die Blicke, die sich nach dem ersten Geruch entspannen. *„Mmh, das schmeckt wie Popcorn, lasiert mit Honig!“* Annett ist begeistert. *„Na das ist ja mal ein richtiges Frauenbier. Schön süß! Was ist es denn?“*, fragt Susanne ungeduldig. Ich stelle die Flasche auf den Tisch. *„Was denn, kein Etikett? Eine nackte Bierflasche?“*, wundert sich Conni. Bei dieser Bemerkung muss selbst ich grinsen. *„Nein, nicht nackt. Dieses Bier ist ganz schlicht und einfach in dieser Papiertüte eingewickelt und gehört mit zu den süßesten Bieren der Welt. Es ist ein Bloemen Bier mit 7 % Alkohol. Was sagt ihr? Super?“* Das einstimmige Nicken aller Frauen in der Runde bedarf keiner weiteren Interpretation.

Für den Weg nach Hause gab ich jeder meinen Freundinnen eine Flasche Peche Mel mit, ohne mir die Bemerkung zu verkneifen: *„Weil ihr heute so goldig tapfer ward und unseren ersten gemeinsamen Biergourmetabend hervorragend gemeistert habt.“* Dieses Bier gewann 2012 bei der World Beer Championships

(Bierweltmeisterschaft) in der Fruchtbierkategorie die Goldmedaille.

Das war mein erster Frauen-Biergourmet-Abend. Wir saßen geschlagene vier Stunden, die wie im Fluge vergingen und zu keiner Zeit langweilig waren. Der Wohlfühlcharakter des Bieres stellte sich bei uns bereits nach kurzer Zeit ein. Die Alltagsprobleme verschwanden und man diskutierte über das schönste Thema der Welt: dem Bier. Die vielen Fragen seitens meiner Freundinnen zeigten mir, dass gerade bei den Frauen extrem hoher Nachhole- und Aufklärungsbedarf besteht. Bier als Kulturgetränk und in Maßen genossen sollte bei uns wieder einziehen und zur Familie gehören. Es sollte wieder Bestandteil des Alltagslebens werden. Insbesondere unter dem Aspekt der Vitaminvielfalt betrachtet, die kein zweites Lebensmittel aufweisen kann.

Während dieser Zeit tranken wir, also vier Frauen, fünf verschiedene Biere. Wer jetzt glaubt, wir waren voll, wie die Haubitzen, der täuscht. Insgesamt wurden an diesem Abend 1,95 Liter Bier getrunken. Das bedeutet, jede von uns trank circa 0,5 Liter Bier in vier Stunden. Das wiederum bedeutet, dass jede von uns circa 0,125 Liter Bier pro Stunde trank. Ich glaube, dass man unter diesem Gesichtpunkt nicht von Alkoholiker sprechen darf und kann. An dieser Stelle möchte ich auf einen wichtigen Aspekt hinsichtlich des kulturvollen Umgangs mit Bier hinweisen. Bitte trinkt kein Bier aus der Flasche! Der rezeptorische Druck auf die Geschmacksknospen der Zunge ist so groß, dass bestimmte Aromen nicht geschmeckt werden können. Bitte nicht von der Werbung beeinflussen lassen. Huldigt die Arbeit der Braumeister, in dem ihr sein Bier aus dem von ihm empfohlen Bierglas trinkt. Die individuell abgestimmte Glasform steuert das Geschmacksaroma und stellt somit die aromatischen Unterschiede heraus. Benetzt mit der Zunge den Gaumen. Die Aromen eines Bieres werden so noch wirksamer wahrgenommen. Ein Kölsch beispielsweise trinkt man aus einem schlanken Glas. Nur so ist es möglich, mit dem Zungenrand den leicht sauren Geschmack und mit dem Zungengrund den bitteren Geschmack wahrzunehmen. Für jeden Kölschliebhaber wird diese Trinkkultur zum Hochgenuss. Ein anderes Beispiel wäre das Altbier. Diesen Bierstyle trinkt man aus Biergläsern mit breitem Rand. Das hervorragende Röstaroma nimmt man auf dieser Art und Weise hervorragend an den Zungenrändern wahr. Die bewusste Bier- und Glaskultur zieht langsam auch in Deutschland ein. Dieses ist kein Modetrend, sondern ist Bestandteil einer gepflegten Bierkultur, die so ein erlebnisreichen Biergenuss auf der Zunge projiziert. Die Glasform steuert nicht nur den Bierfluss im Mundraum und bestimmt so den Punkt, wo der Gerstensaft auf die Zunge auftrifft. Die Glasform entscheidet auch über die Fliessgeschwindigkeit. Grundsätzlich kann man sagen, dass durch ein langsam fließendes Bier die Geschmackskomponenten besser von Zunge und Nase erfasst werden.

Ich nutzte den ersten Frauen-Biergourmet-Abend auch, um ihnen von meinem gelungenen Plan des genussvollen Biertrinkens bei meinem Mann zu erzählen. Diesen fanden sie superspitze!

Wir einigten uns darauf, weitere Biergourmetabende gemeinsam zu verbringen. Die Themen hierfür sind vielfältiger Natur. Mal sind es nur englische Biere, mal nur belgische Biere, mal nur deutsche Biere, ein andermal nur amerikanische Biere. Die Auswahl ist so unglaublich groß, dass ein Biergourmetabend zwangsweise immer kurzweilig ist. Unsere anfänglichen Frauen-Biergourmet-Abende entwickelten sich im Laufe der Zeit zum Partner-Biergourmet-Abend. Seither sitzen wir als Pärchen gemeinsam bei der Verkostung neuer Biere. Der Wohlfühlcharakter des Bieres ließ auch uns Frauen teilhaben am Biergenuss - in gepflegter Atmosphäre, genießend, anregend! Ich hatte es geschafft, die Männer davon zu überzeugen, Bier maßvoll zu genießen. Ich hatte es geschafft, die Frauen davon zu überzeugen, dass Bier nicht herb und widerlich schmecken muss. Es gibt eine Vielzahl an Biersorten mit unterschiedlichster Geschmacksrichtung. Eine jede findet hier ihr Bier, jeweils passend zur Stimmung, zum Charakter und Essen.

Probiert diese Art von genussvollen Biergourmetabenden einfach mal selber aus. Es muss nicht zwangsweise der Freundeskreis sein. Auch im Kreise der Familie sind diese Abende sehr angenehm und schweißen den Bund der Familie enger zusammen. Einen wichtigen Aspekt möchte ich an dieser Stelle unbedingt betonen: Saufen führt zu Problemen in der Partnerschaft und reißt das Familienleben auseinander. Daher distanziere ich mich ganz stark von den Saufgelagen. Maßvoller Biergenuss hingegen steigert das Wohlbefinden eines jeden Einzelnen, regt zu angenehmen, konstruktiven, fruchtbringenden Diskussionen an und steigert die Freude aufeinander. Letzteres genieße ich besonders gern. Und das im doppelten Sinn.

Bier mit einem großen Schluck zu trinken und mit dem allgemeinen Worturteil „schmeckt“ oder „schmeckt nicht“ abzutun, ist unprofessionell. Unprofessionell wollen wir Frauen auf gar keinen Fall sein, wenn es um die vermeintliche

„Männerdomäne Bier" geht. Ab sofort seid ihr euren Männern mindestens einen Schritt voraus. Dafür gebe ich euch jetzt wichtige Hinweise, damit auch euer Biergourmetabend ein voller Erfolg wird. Ich werde versuchen, euch den Wortschatz zu vermitteln, damit ihr die sensorischen Eindrücke bei der Verkostung sprachlich treffend ausdrücken könnt. Nutzt die Chance eures Geschmacksvorsprungs.

Schockt eure Männer - genießt professionell Bier mit fachlichem Hintergrund!

Die Sinneseindrücke sehen, hören, berühren, schmecken und riechen werden durch unsere Sinnesorgane Auge, Ohr, Haut, Zunge und Nase wahrgenommen.

Betrachten wir zunächst das Sinnesorgan Zunge. Frauen, ich meine es genauso, wie ich es schreibe. Betrachten! Also... Zunge raus! Was seht ihr? Außer dem weißen Belag kann man die Geschmacksknospen erkennen. Die meisten Menschen besitzen 2.000 Geschmacksknospen, die in der Lage sind, Geschmacksimpulse aufzunehmen. Es gibt

natürlich auch absolute Ausnahmen. Diese können bis zu 4.000 Geschmacksknospen auf der Zunge vereinen und sind die Top-Tester unter uns. Das Gegenteil von ihnen sind die Non-Tester. Sie haben weniger als 2.000 Geschmacksknospen auf der Zunge. Die Geschmacksempfindlichkeit kann weder antrainiert noch mit Hilfsmitteln behoben werden. Sie ist genetisch bedingt. Also verurteilt während eurer Verkostungsrunde niemanden, der den Geschmack nicht so deutlich empfindet wie ihr selbst.
Mit unserer Zungenspitze nehmen wir den Geschmack „süß“ wahr, mit dem Zungengrund (jetzt in Richtung Zäpfchen schauen) nehmen wir den Geschmack „bitter“ wahr. An den jeweiligen Zungenrändern registrieren wir „sauer“ und etwas neben der Zungenspitze „salzig“.

Viel interessanter ist unser Sinnesorgan Nase. In ihr befinden sich zwischen 10 bis 30 Millionen Riechzellen. Da kann die Zunge definitiv nicht mithalten. 80 Prozent des Flavour-Eindrucks wird über das Riechen wahrgenommen. Es gibt rund 10.000 Gerüche. Doch wie drücke ich diese sprachlich aus? Unser Wortschatz reicht dafür ganz sicher nicht aus. Der Mensch kann ungefähr 150 Gerüche eindeutig bestimmen und speichert diese in Form von Bildern ab. Im Gegensatz zum Geschmack kann die Geruchswahrnehmung antrainiert werden. Natürlich sind wir Frauen darin viel besser als die

Männer. Wir sind auf mehrere Gerüche trainiert. Vielleicht ist es evolutionsbedingt. Vielleicht auch, weil Frauen generell an ihrer Umgebung interessierter sind als Männer.
Meistens sprechen aber beide, Mann als auch Frau, von einem Aroma. Dieser Begriff wird häufig als Synonym für „Geruch“ oder als kombinierte Wahrnehmung von Geschmack und Geruch verwendet. Wir Frauen wollen aber ab heute bei der Bierverkostung profihafter sein und sprechen ab sofort nur noch vom „Flavour“. Flavour ist die Definition für die Wahrnehmung im Mund-, Rachen- und Nasenraum. Dabei ist das Geruchsgedächtnis bei jedem anders stark ausgeprägt. Dieses ist abhängig von den Erfahrungen, die man im Leben gemacht hat. Mit einem Geruch verbindet man immer eine Emotion. All das, was Nase und Mund registrieren, gelangt direkt ins Gefühlszentrum unseres Gehirns. Unser Bewusstsein gibt nur das Ergebnis bekannt. Hierfür beschreibe euch ein konkretes Beispiel.

Jede Frau unter uns, die Kinder hat weiß, dass fast jedes Kleinkind gern mal mit dem Finger in der Windel pult. Voller Stolz streckt uns das Kind den Finger entgegen, weil es der Meinung ist, etwas ganz Tolles in brauner Farbe gefunden zu haben. Wir reagieren mit Entsetzen und leichtem Aufschrei „Pfui“. Erst jetzt weiß das Kleinkind, dass es nicht toll war und verbindet emotional diesen Geruch mit etwas

Schlechtem. Ihr müsst wissen, liebe Frauen, dass Kleinkinder, bevor sie diese Erfahrung des mütterlichen Aufschreis gemacht haben, diesen Geruch zu 70 Prozent als angenehm empfinden. Ich bin der Meinung, dass spätestens im Alter von drei Jahren die emotionale Abspeicherung hierfür im Gefühlszentrum abgeschlossen sein sollte.

Die Wahrnehmung jedes Sinnesorgans wird durch ein anderes Sinnesorgan beeinflusst. Dabei dominiert das menschliche Auge gemäß dem Motto: „Das Auge trinkt mit!"

Um den Flavour besser zu umschreiben, gibt es eine große Anzahl von sogenannten Flavourattributen. Neben den bekannten Attributen sauer, bitter, süß und salzig, gibt es fruchtig, blumig, grasig, malzig, nussig, katzenartig, papierartig, lederartig, muffig, metallisch, vollmundig und viele mehr. Brauwissenschaftler haben vor mehr als 20 Jahren ein „Bier Flavour-Rad" entwickelt, deren Terminologie weltweit in der Brauerwelt anerkannt ist.

Um das Gesamtbild des verkosteten Bieres sensorisch exakt zu beschreiben, solltet ihr folgende Merkmale beachten: Farbe, Klarheit, Schaum, Geruch, Reinheit des Geschmacks, Spritzigkeit, Vollmundigkeit, Bittere, Nachtrunk. Ihr könnt

euch hierfür eine Tabelle anlegen, in der ihr alle Wahrnehmungen der Biere aufzeichnet.
Im Gegensatz zu den Weinverkostern, die den aufgenommenen Verkostungsschluck wieder ausspeien, schlucken wir Bierverkoster diesen selbstverständlich hinter. Unser Zungengrund möchte bei der Bewertung des Bieres ja auch mitreden können. Ich persönlich finde diese Art der Verkostung sympathischer. Diesen Nachtrunk nennt man in der Fachsprache auch Abgang.

Die Farbvielfalt der Biere ist groß und wird in EBC-Einheiten angegeben. Diese reicht von 4 bis 100+. Ein helles strohgelbes Bier hätte demnach den EBC-Wert 5, eine intensiv goldene Farbe den EBC-Wert 10, ein kupferfarbenes Bier den EBC-Wert 30 und ein tiefschwarzes Bier den EBC-Wert 80.

Auch die Klarheit eines Bieres wird in EBC-Werten ausgerückt. 1-2 ist klar, 2-3 matt, 3-4 leicht opal, 4-5 milchig und 5-10 kräftige Trübung. Kräftig getrübte Biere haben eine hohen Hefeanteil. Solche Biere können manchmal mit einem EBC-Wert von 10 beschrieben werden.

Von außerordentlicher Wichtigkeit bei uns Deutschen ist der Schaum. Da das Auge mittrinkt, sollte die Schaumbildung möglichst lange anhalten und ein gewisses Schaumhaftvermögen am Glasinnenrand besitzen. Der Schaum sollte ein bis zwei Zentimeter über den Glasrand hinausragen. Zelebriert vor eurem Mann die erlernte Kunst des Biereinschenkens! Deshalb, liebe Frauen, das Bierglas bitte nicht in den Geschirrspüler stellen, bitte nicht mit herkömmlichen Spülmittel reinigen und bitte nicht polieren! Aber nicht jedes Bier erzeugt beim Eingießen ins Glas den gewünschten Schaum. Besonders die englischen Biere werden ohne Schaum getrunken. Diese Trinkkultur müsst ihr bei der Beurteilung der Biere während eurem Biergourmetabend unbedingt beachten.

Beim Bier gibt es cirka 150 verschiedene Aromen. Deshalb ist der Geruch von Bier sehr vielfältig und hängt von der entsprechenden Biersorte ab. Jeder Bierstyle hat sein eigenes Aroma. Es ist von den verwendeten Malzsorten, Hopfen und der Hefe abhängig.

Die Reinheit des Geschmackes ist in manchen Fällen nicht ganz einfach. Normalerweise ist Bier ein Frischeprodukt, dessen Reifung mit dem Abfüllvorgang abgeschlossen ist. Sollten jedoch danach sensorisch Alterungsgeschmäcker wahrnehmbar sein, so wirkt sich dieses bei der Beurteilung negativ aus. Es gibt aber auch Ausnahmen. Starkbiere

beispielsweise entwickeln während dem Alterungsprozess Aromen wie Sherry, Portwein oder getragenem Leder. Bei den Kennern sind diese sehr begehrt.
Auch die Spritzigkeit eines Bieres ist abhängig von der Sorte des Bieres. Dieser sogenannte „Frischegrad“ reicht von leicht moussierenden Zwickelbieren bis hin zu spritzig elegant wirkenden Weizenbieren.

Die Vollmundigkeit eines Bieres zu beurteilen ist etwas leichter. Von einem schlanken Körper spricht man beispielsweise bei den Leichtbieren. Salopp könnte man sagen: Es schmeckt wässrig. Sie sind als Durstlöscher hervorragend geeignet. Export- und Spezialbiere sollten körperbetont und die Bock- und Doppelbockbiere einen fülligen bis mächtigen Körper aufweisen.

Die Bierbittere wird weltweit in IBU-Einheiten angegeben. Diese reichen von 5 bis 80+. Hat ein Bier eine leichtere Bittere wie die Weizenbiere, so wird diesem zum Beispiel der IBU-Wert 10 zugeordnet. Dem IBU-Wert 30 werden deutlich bittere Biere wie das Pils oder Altbier und mit dem IBU-Wert 40 kräftig bittere Biere zugeordnet. Ganz wichtig ist dabei, dass kein unangenehm galliger oder kratziger Nachgeschmack auftritt.

Der Nachtrunk, auch Abgang genannt, sollte bereits Freude auf den nächsten Schluck vermitteln. Ein harmonischer Abgang ist weder von einer stark nachklingenden Bitternote noch von einer aufdringlichen Säure oder Süße im Mundraum geprägt.

Ab jetzt liegt es an euch, Frauen, ob es ein gelungener Biergourmetabend wird. Ich drücke euch dafür ganz fest die Daumen.

In unserem Freundeskreis ist das Interessante, dass wir immer einen gemeinsamen Zeitpunkt finden, um sich auf ein Biergourmetabend zu verabreden. Mündlich natürlich! Manchmal auch spontan. Die Jugend scheint sich darin, in der jetzigen modernen Welt, umgeben von facebook, skype und SMS, etwas schwer zu tun. Das sich verabreden ist irgendwie komplizierter geworden. Zwischen Männern funktioniert es möglicherweise noch ganz gut. Aber zwischen dem männlichen und weiblichen Geschlecht gibt es doch hin und wieder einige Missverständnisse. Mein Sohn hat mir hierfür freundlicherweise seine SMS-Texte zur Verfügung gestellt. Da die heutige Jugend schreibt, wie sie spricht, bitte ich meine

Leser, die Rechtschreibung ausnahmsweise mal außer acht zu lassen.

Im Nachfolgenden sind zwei Verabredungen auf ein Bier dargestellt. Das erste Gespräch ist eine Verabredung per SMS zwischen zwei Männern, das zweite zwischen meinem Sohn und einer Freundin, was auch immer in der heutigen Zeit der Begriff Freundin bedeutet. Alle Bemerkungen zwischendurch sind Anmerkungen von ihm.

Sich mit einem Freund verabreden:

DU: „Hey was machsten? Bock aufn Bier in unserer Kneipe?"

ER: „ JO! Bis gleich!"

Gesamtzeit: 2 min

Sich mit einer Freundin verabreden:

DU: „Hey was machsten? Lust noch hier in der Kneipe nen Bierchen zu trinken?"

SIE: „Ich trink eig kein Bier."

(Du denkst dir.... -.- und schreibst dann aber:)

DU: „ ...oder eben das was du trinken magst.“

SIE: „Warte ich guck ma ob ich noch ne Hose hab.“

(Du fragst dich, was das mit einer Hose zu tun hat, schreibst aber :)

DU: „Alles klar.“

nach weiteren 10 min

SIE: „Wo wolltest du nochmal hin?“

DU: „Na in die Kneipe um die Ecke.“

SIE: „Kann man da essen?“

(du denkst dir..."Was hab ich getan?" schreibst abe
r:)

DU: „Jup!“

SIE: „Ich muss aber noch duschen.“

(Du denkst dir: Bitte sag doch einfach nur "ja" oder "nein"!!!

Dabei siehst du die vielen Biere, die du hättest in der Zeit trinken können, an deinen Augen vorbeiziehen. Schreibst aber:)

DU: „Müsste ich auch noch. Also dann so in ner halben Stunde?“

SIE: „Hmm...lohnt sich das dann eig noch?“

(Du fragst dich: " Wo ist da jetzt das Problem?" Dabei denkst du dir immer mehr: "Ich wollte doch nur ein Bier trinken!" Schreibst aber:)

DU: „Hmm...klar, wieso denn nicht?“

SIE: „Na ja...kann halt nicht so lange.“

(Dir ist der Durst auf ein Bier bereits vergangen, bist genervt, versuchst aber die Hoffnung auf das kühle Blonde nicht aufzugeben und gibst Entscheidungshilfe.)

DU: „also wenn du min 2h Zeit hast dann lohnt sich das schon noch mal weg zu gehen.“

Nach weiteren 10 min.
SIE: „hast recht das lohnt sich nicht mehr.“

(Du denkst dir nur: ?????????????????????????????? und außerdem: Du musst die Sache jetzt beenden! ...da kommen dir die weisen Worte deines Vaters in den Sinn und du schreibst:)

DU: „Du hast Recht!“

Gesamtzeit: 40 min

Ja, das mit den Frauen ist manchmal nicht ganz so einfach. Dabei ist es aber doch gar nicht so schwer, sich auf ein Bier zu verabreden. Leichter fällt eine solche Entscheidung doch erst recht, wenn man weiß, dass es um die Ecke eine Vielfalt von Bieren gibt, die man in gemütlicher Runde und angenehmer Gesprächsatmosphäre genießen kann. Vielleicht müssen sich auch die Frauen erst an den Gedanken gewöhnen, dass Bier trinken nicht mit Bier saufen gleich zu setzen ist. Dazwischen stehen Welten!

Viele Experten reden viel, oft und gern über Alkoholmissbrauch. Da auch Bier Alkohol enthält - in unterschiedlicher Prozentzahl - wird der Begriff Alkoholmissbrauch hinsichtlich des Bierkonsums ebenso liebend gern verwendet. Doch sehen wir uns den Begriff

Missbrauch“ näher an. Bei Wikipedia findet man: „Rechtsbegriff im Reichstrafgesetzbuch von 1871“ dargelegt:

> „Mißbrauch (lat. abusus), d. h. der falsche, schlechte Gebrauch, den man gegenüber einer Person oder von einer Sache macht,...“ [20]

Stellt sich nun die Frage: Wer konkret wird denn missbraucht? Klare Antwort: der Alkohol im Bier. Aber interessiert es dem Alkohol im Bier überhaupt? Wo beginnt der Missbrauch und wo endet er? Wo beginnt der Gebrauch und wo endet er? Denkt das Bier über Missbrauch und Nichtmissbrauch nach? Ganz sicher nicht! Denn dem Bier ist es völlig egal! Bevor man generell von Missbrauch spricht, muss man sich über den Sinn des „Gebrauchs“ im Klaren sein. Mir geht es darum, von Bier-„Gebrauch“ statt von Bier-„Missbrauch“ zu sprechen. Konkret meine ich den kulturvollen Umgang mit Bier.

Bier war Tausende von Jahren Nahungsmittel und gehörte in jedem gesunden Haushalt auf den Tisch.
Obwohl wir Bier aus Flaschen, Büchsen, Partyfässern, KEG`s trinken können, ist die Bierproduktion in Deutschland seit Jahren rückläufig! Ist der deutsche Wohlstand in Gefahr? In den 90iger Jahren wurden in Deutschland rund 142 Liter Bier

pro Kopf getrunken. 2011 waren es nur noch cirka 107 Liter Bier pro Kopf, Tendenz weiter fallend. Und doch ist das Bier nach wie vor die Nummer 1 unter den alkoholischen Getränken auf der Welt.
Ich glaube, dass der Grund für den drastische Bierrückgang in den letzten 10 Jahren damit verbunden ist, weil die ständigen Kostenoptimierungen bei der Bierherstellung zu einer gewissen Geschmacksarmut geführt haben. Kulturvoller Umgang mit Bier wird nicht mehr vermittelt. Bier hat keinen Stellenwert mehr bei den Speisen in Restaurants. Dieses erkennt man schon am lieblosen servieren des Bieres. Das positive Image des Bieres wurde leider zerstört.

In vielen Teile der Welt, ganz besonders in Deutschland, trägt nun das Bier die Fesseln des Images „Genussmittel“.

Hat dieses außerordentliche Getränk dieses in unserer heutigen Gesellschaft wirklich verdient? Warum hat Bier ein solch schlechtes Image? Insbesondere bei uns Frauen? Liegt es vielleicht daran, dass wir gar keine konkreten Informationen über das Bier haben? Seien wir mal ganz ehrlich: Was wissen wir eigentlich über Bier?

Als Erstes wird meistens das deutsche Reinheitsgebot genannt und dass Deutschland eines der wenigen Länder sei,

bei denen die Brauer ihr Bier noch nach diesem Gebot brauen. Ist das denn richtig? Nein, denn wir in Deutschland brauen nach der deutschen Bierverordnung von 07.07.1990 in Anlehnung an das deutsche Reinheitsgebot vom 23.4.1516 (übrigens der Tag des Bieres).
Streng genommen besagt das deutsche Reinheitsgebot, dass nur Gerste, Wasser und Hopfen zum Bierbrauen verwendet werden darf. Heute wird aber ein Verarbeitungsprodukt der Gerste - nämlich das Malz - zum Bierbrauen verwendet. Und was ist mit den Bayern? Sie nehmen zum Brauen Weizen mit dazu! Und das stand niemals im deutschen Reinheitsgebot! Sei es drum. Wer einmal den Weizendoppelbock „Vitus", das Weltmeisterbier von 2012 in diesem Bierstyle oder einen „Aventinus Weizen Eisbock" getrunken hat, der sieht gern darüber hinweg, dass die Bayern das von ihnen selbst geschaffene deutsche Reinheitsgebot nicht ganz so ernst genommen haben.

Wie viele Bierstyles gibt es auf der Welt? Bierstyle sind zum Beispiel Pils, Export, Bockbier, Weizenbock usw. Derzeit sind es circa 130 Bierstyle! Und diese Zahl ist jährlich im Steigen begriffen. Warum? Weil ausländische Braumeister extrem kreativ sind und diese Kreativität auch umsetzen dürfen! In Deutschland besteht diese Kreativität oftmals nur in der Farbe der Computertastatur, die der Braumeister bedienen muss, um seine Brauanlage zu fahren. Daher finden wir unter den deutschen Bieren nur ungefähr 20 Bierstyles.

Seit Jahren ist der Bierkonsum im Deutschland drastisch rückläufig. Leider müssen aus diesem Grund viele Traditionsbrauereien ihren Betrieb aufgeben. Ist vielleicht diese typisch deutsche Engstirnigkeit ein entscheidender Grund für das vorliegende Dilemma?

Betrachten wir das Ganze weiter und gehen zum Thema „Rohstoffe“ über. Wir sprechen immer vom Malz, dem Herz des Bieres. Wie viele Sorten gibt es denn auf dem Markt? Diese Frage ist gar nicht so leicht zu beantworten. Denn auf Gerstebasis finden wir über 30 Malzsorten, auf Weizenbasis über 15 verschiedene Sorten. Wir könnten aber auch verschiedene Maismalzsorten einsetzen wie zum Beispiel im spanischen Bier „San Miguel“. Aber auch Roggen, Dinkel, Reis, Hafer, Hirse werden weltweit zur Bierproduktion eingesetzt, hauptsächlich bei obergärigen Bieren. Allein die Kombinationsmöglichkeiten dieser Malzsorten wären unendlich groß. Jetzt stellt sich bei mir die Frage: Warum haben wir auf dem deutschen Biermarkt solch eine Armut in der Geschmacksvielfalt der Biere? Es gibt rund 5.400 Biermarken auf dem deutschen Biermarkt. In Frauensprache heißt es konkret rund 5.400 Bieretiketten. Davon sind -

glaube ich - circa 4.000 Pilsbiere. Pils dominiert in den Regalen. Doch der Bierstyle „Pils“ ist klar definiert. Es ist ein untergäriges Bier, es darf nur Gerstenmalz verwendet werden, die Stammwürze wird mit 11 bis 12 Grad Plato beziffert und der Alkoholgehalt wird definiert zwischen 4,8 bis 5,5 Volumenprozent. Der Farbwert ist vorgegeben im Bereich von 5 bis 9, das heißt eine sehr hellgelbe Farbe und die Bittereinheiten werden mit 24 bis 48 IBU (Bittereinheit) festgeschrieben. Aber heute findet man kaum noch deutsche Pilsbiere über 25 IBU. Das heißt konkret, wenn die Malzvielfalt nicht ausgenutzt wird und Pilsbiere gleiche Bittereinheiten aufweisen, dann müssen alle angebotenen Pilsbiere annähernd gleich schmecken. Will das der Verbraucher? Und wir Frauen? Ich kenne nur wenige Frauen, die ein herbes Bier bevorzugen. Die meisten weiblichen Geschöpfe mögen keine herben Biere! Beobachten wir genau das nicht auch in der nachwachsenden Generation? Bei ihnen stehen Bibop und andere Mixgetränke hoch im Kurs!

Ich selbst hatte mir mal die Frage gestellt: Trinken die großen Brauereikonzernmanager und ihre Marketingexperten eigentlich abends ihr eigenes Produkt? Wissen sie tatsächlich, wie ihr Bier schmeckt? Welcher Brauereibesitzer trinkt noch nach Jahren mit Leidenschaft sein eigenes Bier? Diesen Fragen bin ich nicht nachgegangen. Doch man kann heute

mit guter Bierwerbung sehr viele Emotionen wecken. So zum Beispiel muss man Bier nicht zwingender Weise trinken. Es verspricht auch ein angenehmes Kribbeln im Bauchnabel einer Frau, was auch immer es dort zu suchen hat! Mal ganz ehrlich - Werbung ist alles, oder?!
Noch viel interessanter ist das Thema „Hopfen“, die Seele des Bieres. Nicht grundlos war diese faszinierende Pflanze „Heilpflanze des Jahres 2007“ [21]. Nach bisherigen Forschungen enthält Hopfen fast 2.000 Inhaltsstoffe. Den meisten davon werden gesundheitsfördernde Eigenschaften zugeschrieben. Insgesamt gibt es rund 180 verschiedene Hopfensorten. Dieses ist vergleichbar mit 180 verschiedenen Apfelsorten. Jede einzelne Hopfenart wie z.B. Magnum, Perle, Saarzer Hopfen, Opal, Cascade, Saphir bringt einen eigenen Flavour ins Bier. Jetzt stelle man sich ein Klavier vor, bestehend aus 52 weißen und 36 schwarzen Tasten. Die weißen Tasten eines Klaviers sind die Aromahopfen und die schwarzen Tasten die der Bitterhopfen. Welch ein fantastisches Klavier hat der Braumeister vor sich. Ein Kosmos an Kombinationsmöglichkeiten offenbart sich ihm. Mit Leidenschaft, Kreativität und Kombination kann der Braumeister eine „Symphonie der Biere“ komponieren und neu erschaffen. Hätte Ludwig van Beethoven nur zwei oder drei Tasten seines Klaviers benutzt, wäre nie die 9. Sinfonie „Ode an die Freude“ entstanden! Auch Bach`s Bieroper wäre

mehr als kläglich ausgefallen. Kein erfolgreicher Song in den Charts besteht nur aus zwei oder drei Tönen!

Warum experimentieren unsere deutschen Braumeister so selten mit dem Hopfen? Sicherlich haben wir mit der deutschen strengen Vorgabe des Bierbrauens nicht die Möglichkeit, neue Bierstyles zu kreieren. Aber wir haben die Möglichkeit, eine unendliche Geschmacksvielfalt zu erzeugen. Warum erlebt man diese Geschmacksvielfalt nur in Insidergasthausbrauereien und nicht auf dem deutschen Biermarkt?

Eine Frau liebt die Vielfalt! Jeder neue Nagellack, Lippenstift oder Parfüm wird von uns gekauft, ausprobiert, mit Freundinnen ausgewertet und weiter empfohlen. Ein neuer Duft inspiriert uns, macht uns neugierig auf mehr. Warum? Weil wir 25 Millionen Riechzellen haben, die circa 10.000 Gerüche wahrnehmen können. Und das wollen wir als Frauen auch ausschöpfen. Genauso wie wir unsere Anzahl an 7.000 Worte (plus-minus) am Tag ausschöpfen wollen! Der Mensch nimmt 20 % des sensorischen Eindrucks eines Getränkes oder Speise über den Mundraum mit nur rund 2.000 Geschmacksknospen auf. Aber 80 % der Wahrnehmung eines Getränks oder Speise erfolgt über den Geruch! Deshalb sind Aromen beim Bier so außerordentlich wichtig! Wir Frauen müssen das Bier riechen können! Der Geruch des Bieres muss in uns Emotionen wecken, wie der

Duft eines Mannes, dem wir uns hingebungsvoll zu Füßen legen.
Doch Vorsicht bei Erkältungen! Da trügt der Schein bzw. Geruch. Ein Großteil der 25 Millionen Riechzellen sind in diesem Zustand nicht voll funktionstüchtig. Daher schmeckt auch alles fast gleich. Eine Auswahl in diesem Zustand, sowohl beim Bier als auch beim Mann, wäre fatal.
Einen bedeutenden Einfluss auf den Geschmack des Bieres haben die Hefen. Sie prägen den Charakter des Bieres. Allein in der VlB Berlin e.V., der Versuchs- und Lehranstalt für Brauerei sind mehr als 70 Hefestämme für Bier in der Hefebank beherbergt. Die Doemens Academy GmbH in Gräfeling/München hält eine Sammlung von über 90 Brauhefen bereit, die zu Stammsammlung gehören. Auch die Hefebank Weihenstephan GmbH in Au i. d. Hallertau bietet eine Vielzahl unterschiedlichster Hefestämme an.
Man unterscheidet zwischen obergäriger und untergäriger Hefe. Bei den obergärigen Hefen ist die Weißbierhefe wohl die bekannteste. Wie der Name verrät, wird sie zu Herstellung von Weißbier verwendet. Typisch für die Weißbierhefe ist die Erzeugung eines dezent fruchtigen Bananenaromas im Weißbier. Die Gärtemperatur obergäriger Biere liegt zwischen 12 bis 18 Grad Celsius.
Untergärige Hefen werden zur Produktion untergäriger Biere, also bei niederer Gärtemperatur, eingesetzt. Die

Gärtemperatur liegt zwischen sechs bis neun Grad Celsius. Auch sie erzeugen einen typischen Biergeschmack, deren Charakter von weich und mild bis hin zu kernig und vollmundig reicht.

In einem Bier-Experiment wollte man heraus finde, wie sich die Hefen auf den Geschmack des Bieres auswirken. Hierfür wurde Bier mit einer einzigen Grundrezeptur mit zehn verschiedenen Hefen gebraut. Das Ergebnis: Trotz gleicher Grundrezeptur konnten zehn Biere mit zehn unterschiedlichen Geschmäckern hergestellt werden. Dieses Ergebnis finde ich verblüffend und genial. Gleichzeitig frage ich mich, warum wir in Deutschland an einer Biergeschmacksarmut leiden, wenn man schon allein mit Hefe verschiedene Geschmäcker kreieren kann?

An dieser Stelle gilt ein ganz großes Lob den Hobbybrauern. Deren Fantasie ist unglaublich groß und kreativ. Beeindruckt bin ich von der Brasserie de Bellevaux, einem kleinen Familienbetrieb in Malmedy (Belgien). Der ehemalige Bauernhof wurde liebevoll zu einer reizvollen Brauerei umgebaut. Sie liegt idyllisch auf dem Berg und man blickt bei einem kühlen Trippel ins grüne Tal. Mein Mann und ich besuchten vor nicht all zu langer Zeit unangemeldet als Touristen die kleine Familienbrauerei und wurden wie all die anderen Gäste auf das herzlichste von Wil begrüßt. Wil Schuwer, der sein Hobby zum Beruf machte, experimentiert

mit seinen Bieren seit 2007 das ganze Jahr über. Als Ergebnis findet man bei ihm Biere, die individuell und sehr schmackhaft sind. Seine Frau Carla kümmert sich mit einem zauberhaften Lächeln und schmackhafter Küche um das leibliche Wohl der Gäste. Bei ihnen wird das Bier ausschenken zelebriert. Mein Mann und ich wollten nur eine kurze Stunde verweilen. Doch der Wohlfühlcharakter stellte sich bei uns nach kurzer Zeit ein und drei Stunden vergingen wie im Fluge. Hier konnten wir abschalten, runter fahren, einfach mal entschleunigen. Wil und Carla gesellten sich nach einiger Zeit auch an unseren Tisch. Sie nahmen sich Zeit für den Gast. Wo erlebt man diese Gastfreundlichkeit noch ?
Leider gibt es in den Gastwirtschaften Deutschlands nicht die gewünschte Biervielfalt, die aufgrund der Fülle aber durchaus gegeben wäre. In jeder Gaststätte bzw. Restaurant findet man in der vom Kellner gereichten Speisekarte eine Vielzahl von Weinen, aber nur drei bis maximal fünf Biere! Ich finde das als Bierliebhaberin absolut diskriminierend! Grund hierfür sind Exklusiv-Verträge zwischen Wirt und Brauerei. Dieses bedeutet, dass der Gastwirt nur von einer Brauerei Bier beziehen darf. Als Gegenleistung erhält er Rabatte, verbilligte Darlehen, Sachleistungen oder ähnliches. Solche Art von Bierlieferungsverträgen sind in Europa weit verbreitet, in den USA allerdings verpönt! Aus diesem Grund findet man in der amerikanischen Gastronomie eine weitaus größere

Biervielfalt. Mit in Betracht gezogen werden muss auch die Tatsache, dass sich in Amerika innerhalb von acht Jahren cirka 2.400 Brauerein neu gegründet haben. In Deutschland gibt es im Vergleich dazu insgesamt rund 1.350 Brauereien. Die amerikanische Craft-Brewer-Szene entwickelt sich stetig weiter, Tendenz weiter steigend. Junge, zielstrebige, dynamische, experimentierfreudige Brauer erschaffen mit ihrem Enthusiasmus und Ideenreichtum neue Biere, testen und bewerten diese mit den Gästen in ihren Mikrobrauereien. Die Craft-Brewer produzieren Biere mit über 55 geschmacklich verschiedenen Hopfensorten. In Deutschland werden leider nur 20 bis 25 unterschiedliche Hopfensorten verwendet. Die neue Bierkultur ist in Amerika längst erwacht und auf dem Vormarsch. Wann erwachen die Entscheidungsträger der Brauereien , um sich der Geschmacksvielfalt zu öffnen? Es wäre sehr wünschenswert, endlich auch mal für uns Frauen ein gaumenfreundliches Bier zu brauen.

Der Kosmos der Biere ist enorm groß. Zwischen Farbe und Geschmack liegen Welten. Angenehm überrascht war ich, als ich mit meinem Mann in Obertrum, einem kleinen Ort in Österreich, in einem Restaurant eine Bierkarte gereicht bekam, in der mehr als zwölf einheimische und internationale Bierstyles zur Auswahl standen. Noch verblüffender war die Bierkarte an der belgischen Nordsee. Hier wurden uns gleich

44 Bierstyles zur Auswahl angeboten. Beeindruckend dabei war, dass jedes Bier beschrieben wurde, sodass man sich nach individuellem Geschmack zur Speise eines davon aussuchen konnte. Auch die angebotene Trinkmenge empfand ich als sehr frauenfreundlich. Ich konnte zwischen 12,5 cl, 25 cl, 50 cl und 1 l (Botte) wählen. Da ich grundsätzlich täglich mindestens 0,3 Liter Bier trinke, waren mir die 12,5 cl mengenmäßig sehr angenehm. Somit war es mir möglich, drei verschiedene Biere zum Essen zu verkosten. Ich wünschte mir dieses auch in deutschen Gaststätten und Restaurants. Bier als wichtigster Faktor der Gastlichkeit sollte dort mit seiner Vielfalt wieder seine Heim finden. Dabei bin ich mir ganz sicher, dass bei einer angebotenen Biervielfalt, also einer Bierkarte, viele Gaststätten häufiger besucht werden würden. Denn man kann ja an einem Abend nicht alle Biere verkosten!
Aber, die Gastwirte tragen nicht die alleinige Schuld. Auch wir Biergenießer sind an der recht dünnen Bierkarte mit verantwortlich. Fordert euer Recht auf eine größere Biervielfalt!

Nach den Vorgaben der EU-Kommission sowie der Gesundheitsminister der Länder und des Bundes soll der Alkoholkonsum drastisch gesenkt werden. Dafür planen sie drastische Maßnahmen, die ich im Einzelnen nicht aufführen

möchte, aber eines anmerken muss: Sind wir nicht mündige Bürger, um eigenverantwortlich selbst zu entscheiden? Der Slogan „Freiheit ist unser Bier“ [22] gefällt mir und ist eine Kampagne des Bundesverbandes Privater Brauerein e.V.
Wir Frauen sollten bei diesem Punkt mit unseren Männern einig und an dieser Stelle mit unterstützend tätig sein. Diesmal in Form einer tatsächlich starken Frau an der Seite ihres bierliebhabenden Mannes.

Die letzten Seiten meines Buches schreibe ich auf der Insel Rügen, in einem kleinen abgelegenen Dorf, dessen Ruhe und Idylle mit Worten kaum zu beschreiben ist. Natürlich verkoste ich während dessen das regionale Bier, das Störtebeker. Insbesondere das „Keller-Bier“ weckt meine Neugier, weil es 2010 in der Kategorie „Kellerbier“ bei der Bierweltmeisterschaft (World Beer Cup) die Goldmedaille gewann. Dieses zu recht. Ein schmackhaftes, feinwürziges Bier mit strohgoldener Farbe, dessen Duft nach Aprikosen die Erinnerung an einen lauwarmen Sommer zurück holt. Mein dortiges Lieblingsbier allerdings ist das Störtebeker Atlantik Ale, ein naturbelassenes, strohgelbes, obergäriges Bier mit schlankem Körper. Die Kombination der sechs auserlesenen Hopfensorten verleihen dem Bier nicht nur ein außergewöhnliches Duftspiel. Seine kräftige Herbe wird mit einem Geschmack von Melonen, Zitronen und Grapefruit spielerisch-charmant ummantelt. Ein wahrhaftes Konzert für jede Geschmacksknospe!

Das war meine Story und persönliche Reise zum Bier. Dieses Buch habe ich aus Sicht einer Frau geschrieben und erhebe keinen Anspruch auf wissenschaftliche Korrektheit und Vollständigkeit. Dafür ist das Thema Bier zu komplex.

Bier ist Emotion.

Ich hoffe sehr, dass ich besonders die Frauen erreicht habe, die sich bisher nie mit Bier beschäftigten und den Wohlfühlcharakter beim Biergenuss unterschätzten.

„Eine mächtige Flamme entsteht aus einem winzigen Funken.“

(Dante Alighieri)

Ich wünsche mir, dass dieses Buch, den in einer Frau innewohnenden „Bierfunken“ entfacht hat, um so die Flamme des Biergenusses wieder auflodern lassen zu können.

Gebt dem Bier, von Frauenhand erschaffen, den Stellenwert zurück, den es seit Tausenden von Jahren hatte: den eines Kulturgetränkes!

Die bierliebhabenden Ägypter schufen imposante, für die Ewigkeit bestimmten Pyramiden, dem bierliebhabenden Luther ist es gelungen, eine religiöse Revolution in Gang zu setzen und die bierliebhabende Gründungsväter erschufen sogar durch eine Revolution die amerikanische Unabhängigkeit.

Beginnen wir Frauen doch mit einer Revolution des Bieres!

Wie in jedem guten Buch darf eine Danksagung nicht fehlen.

In erster Linie danke ich meiner Mutti und meinem leider zu früh verstorbenen Vati. Ohne ihre aufrichtige und innig Liebe zueinander wäre ich nicht hier und könnte mich dem wundervollem Thema „Bier“ nicht widmen.

Ich danke meiner „kleinen“ Schwester, die jede einzelne Seite, den einzelnen Absatz und jeden einzelnen Satz grammatikalisch Korrektur gelesen hat und sehr, sehr viel Zeit mit meinem Manuskript verbrachte. Sie gab mir viele wichtige Hinweise, sodass selbst ich noch einiges lernen konnte. Dafür herzlichen Dank!

Meinem Sohn, Nico, danke ich für die Bereitstellung der vielen und wertvollen Literarien, die während des Studiums selbst seine täglichen Begleiter waren.

Hartmut danke ich für seine unermüdliche Managementarbeit, die viel von seiner freien Zeit in Anspruch nahm.

Ein besonderer Dank gilt meinem persönlich besten Biersommelier der Welt, meinem Mann. Er war von allen der kritischste Leser. Besonders die fachliche Seite ist unter seinen „Bier-Argusaugen“ beleuchtet worden. Ich danke ihm für die viele freie Zeit und Ruhe, die er mir gab, um Recherchen zu tätigen. So konnte ich intensiv am Buch weiter arbeiten und einige interessante Fakten, besonders für die Frauen, zusammen tragen.

In jedem gebunden Buch ist ein kleines Amulett, von meiner Tochter Katja entworfen, beigefügt. Dafür danke ich ihr recht herzlich mit einem dicken Muttikuss. Es stellt das antike Symbol für einen Bierkrug dar. Das eingravierte Viereck, dessen eine Ecke nach innen zeigt, entstammt der Keilschrift und ist das Symbol für Bier. Die beiden darüber liegenden Wellenlinien symbolisieren das Wasser. Als dritte Gravur - ihr ahnt es sicherlich - ist die Gerste dargestellt. Beide Symbole sind ebenso Bestandteil der Keilschrift.

Ich würde mich freuen, wenn ihr es an eurer Kette oder Armband tragt als Zeichen einer bekennenden Biergenießerin und vor allem Bierkennerin. Daran werde ich euch erkennen, wo auch immer sich unsere Wege kreuzen. Seid gewiss, dass ich euch ansprechen werde, um mit euch über eure persönlichen Erfahrungen und Meinungen zum Thema „Bier“ zu diskutieren.

Bei aller Bierliebhaberei... Eines gebe ich zum Schluss mit auf dem Weg:

„Dosis fecit venenum.“

Soll heißen:

“Die Dosis macht das Gift!“
(Paracelsus, 1493-1541)

In diesem Sinne:

„Allzeit - Prost!“

Bis zum nächsten Buch, ...

Eure Bierflüsterin

Zitatnachweise

[1] www.bierbrauerei.net, 17.03.2013

[2] www.ostpreussen-humor.de/gedicht/hochdeutsch/bockbier.htm, 17.03.2013

[3] www.stupidedia.org/stupi/Bier, 17.03.2013

[4] www.epoche-napoleon.net/bio/luckner.html, 17.03.2013

[5] www.kontra-punkt.de, 22.07.2013

[6] www.qucosa.de, 07.03.2013

[7] www.books.google.de, 07.03.2013

[8] www.fun-forum.de, 07.03.2013

[9] www.wippra-bier.de, 22.07.2013

[10] www.volksliederarchiv.de/text1864.html, 07.03.2013

[11] www.bk-luebeck.eu/zitate-wilhelm-der-zweite.html, 17.03.2013

[12] www.bier-lexikon.lauftext.de, 08.04.2013

[13] www.archaeolet.de/helfta, 22.07.2013

[14] Die Kinder- und Hausmärchen der Gebrüder Grimm, Karl.Marx-Werk Pößneck V15/30 4. Auflage

[15] www.weissenseer-reinheitsgebot.de/statuta.html, 22.07.2013

[16] http://aphorismen-archiv.de/index_z.php?id=19601, 22.07.2013

[17] www.wikipedia.org/wiki/Louis_Pasteur, 17.07.2013

[18] www.bierundwir.de/bierimleben/literatur.htm, 22.07.2013

[19] Jungbrunnen Bier, Prof. Dr. med. Manfred Walzl, Mag. Michael Hlatky, Verlagshaus der Ärzte GmbH, Wien, 1. Auflage 2004

[20] http://de.wikipedia.org/wiki/Missbrauch, 06.03.2013

[21] http://www.nabu.de/tiereundpflanzen/naturdesjahres/natur2007/05818.html, 22.07.2013

[22] www.private-brauereien.de/pbb/bierundbrauerein/alkohilpolitik.php, 22.07.2013

weitere Quellennachweise

Technologie Brauer & Mälzer, Wolfgang Kunze, VlB Berlin, Berlin, 9. überarbeitete Auflage, 2007

Der Große Hopfenatlas, Joh. Barth & Sohn, Nürnberg, 1994

Bier - Was die Welt im Innersten zusammenhält, Jacob Blume, Verlag die Werkstatt GmbH, Göttingen, 2002

Besser leben mit Bier, Markus Fohr, Imprimatur Verlag Rudolf Kring, Lahnstein, 2. Auflage 2011

Mitteldeutsche Zeitung, Wirtschaft, 10. Juli 2013

Der Bierzauberer, Günther Thömmes, Gmeiner-Verlag GmbH, Meßkirch, 1. Auflage 2008

Die Bibel, Nach der Übersetzung Martin Luthers, Deutsche Bibelgesellschaft Stuttgart, 1985

Das Westfälische Abendmahl, Dr. Werner Günther, Soest, 2002 und 2013

www.schlenkerla.de/biergeschichte/braustern/html/ausschankzeichen.html, 07.03.2013 www.bier.de, 07.03.2013

www.gesundheit.gv.at, 17.03.2013

www.biergericht.de/jokes/fuselalkohole_im_bier.htm, 19.06.2013

www.luckner-gesellschaft.de, 07.03.2013

www.kontra-punkt.de, 22.07.2013

www.edition-peters.de, 22.07.2013

www.klassika.info/Komponisten/Strauss, 22.07.2013

www.wikipedia.org/wiki/Richard_Strauss, 22.07.2013

www.cqi.org/biblstudien/was-sagt-die-bibel-ueber-alkohol, 17.03.2013

www.wikipedia.org/wiki/Alexander_Fleming, 17.03.2013

www.wikipedia.org/wiki/geschichte_des_Bieres, 17.03.2013

www.bbc.co.ukhistory/history_figures/pasteur_louis.shtml, 22.07.2013

www.flanieren-in-berlin.de, 17.03.2012

www.vifa.ub.uni-heidelberg.de, 22.07.2013

www.wikipedia.org/wiki/Frncis_Scott_Key, 22.07.2013

www.wikipedia.org/wiki/Cobalamine, 17.07.2013

www.wikipedia.org/wiki/Nicotinsäure, 17.07.2013

www.wikipedia.org/wiki/Pantothensäure, 17.07.2013

www.http://de.scribd.com/doc/100272214/Unger-Die-Keilschrift, 27.01.2013

www.vitamine.com, 14.04.2013

www.wojtko.de/2011/07/bierarchaologie, 06.03.2013

www.spiegel.de/spiegel/print/d-68316854.html, 06.03.2013

www.vitaminbkomplex.org/vitamin-b12, 14.04.2013

www.ein-langes-leben.de, 08.04.2013

www.forum-alkoholiker.de/ftopic2667.html, 09.04.2013

www.pnn.de/wissen/353246, 11.04.2013

www.scinexx.de/wissen-aktuell-12211-2010-09-06.html, 11.04.2013 www.infofarm.de/nahrungsmittel/bier.htm, 22.07.2013

www.hopfenforschung.de/jahresbericht_2011.pdf, 22.07.2013

www.gesundheit-aktuell.de/artikel/warum-enthalten-auch-gesunde-Lebensmittel-alkohol.html, 22.07.2013

www.g-netz.de/Der_Mensch/sinnesorgane/geschmackssinn.shtml, 22.07.2013

www.planet-wissen.de/natur_technik/sinne/schmecken/index.jsp, 22.07.2013

www.nasenarbeit.de/html/anatomie.html, 22.07.2013

www.doemens.org/uploads/media/BL_08-04_Doemens_News.pdf, 22.07.2013

www.braukultur-franken.de/kompendium/e/ebc/ebc.html, 19.06.2013

www.menshealth.de/health/allg-gesundheit, 19.06.2013

http://www.imdb.com/title/tt1832368, 22.07.2013

http://www.tu-berlin.de/?id=57546, 22.07.2013

http://www.penn.museum/sites/biomoleculararchaeology/wp-content/uploads/2009/11/Ur-TYP.pdf, 22.07.2013

http://www.brauer-bund.de/download/Archiv/PDF/statistiken/1203BierverbrauchinDeutschlandbiseinschliesslich2011-Homepage.pdf, 22.07.2013

Urheber der verwendeten Fotos des Composings:

Schuh und Lippenstift: ecco; shutterstock.com
Hopfen links: AtWaG; istockphoto.com
Hintergrund: Triff; shutterstock.com
Bierglas: Boule; shutterstock.com
Hopfen rechts: tamara_kulikova; istockphoto.com